JN333687

NHK

# 「幻解！超常ファイル」は本当か

## ナビゲーター・栗山千明の守護霊インタビュー

RYUHO OKAWA

大川隆法

本霊言は、2014年6月4日、教祖殿・大悟館にて、
質問者との対話形式で公開収録された（写真上・下）。

# まえがき

本当に戦後の学校教育は怖《おそ》ろしい。授業で教わらない内容、試験に出ない知識は、「ないもの」としてこれを扱うのが「常識」という立場の人々をつくり続けている。

ＮＨＫの「幻解！超常ファイル」の方針は、結局、教科書の「歴史」や「科学」で真実として取り扱っていないものは否定する、というだけのことだ。だが言っておくが、ＮＨＫの科学番組で、「私たちの祖先は魚です」とか、「今から百三十七億年ほど前に宇宙の一点が爆発して膨張《ぼうちょう》する宇宙ができた。」とか断定しても、「一体誰がそれを見て来たんですか？」という疑問に答えることはできまい。

ＮＨＫも左翼的知識を頭につめ込んだ偏差値秀才軍団のかたまりなのだろうが、間違った結論を流すために番組を作り続けることは、決して、公正でも、公平でも、中立でも、客観的でもない。「事実は事実、真実は真実である。」早く、目から鱗《うろこ》を落としなさい。

二〇一四年　六月十三日

幸福《こうふく》の科学《かがく》グループ創始者兼総裁《そうししゃけんそうさい》　大川隆法《おおかわりゅうほう》

NHK「幻解！超常ファイル」は本当か　目次

# 第1章　栗山千明《くりやまちあき》の守護霊《しゅごれい》インタビュー

二〇一四年六月四日　収録
東京都・幸福の科学　教祖殿《きょうそでん》　大悟館《たいごかん》にて

## 2

## 実際は、「霊的現象」を体験している？　

# 第2章　NHKエンタープライズ情報文化番組 エグゼクティブ・プロデューサー 渡辺《わたなべ》圭《けい》の守護霊インタビュー

二〇一四年六月四日　収録

東京都・幸福の科学　教祖殿　大悟館にて

「霊言現象《れいげん》」とは、あの世の霊存在の言葉を語り下ろす現象のことをいう。これは高度な悟《さと》りを開いた者に特有のものであり、「霊媒現象《れいばい》」（トランス状態になって意識を失い、霊が一方的にしゃべる現象）とは異なる。外国人霊の霊言の場合には、霊言現象を行う者の言語中枢《ちゅうすう》から、必要な言葉を選び出し、日本語で語ることも可能である。

また、人間の魂《たましい》は原則として六人のグループからなり、あの世に残っている「魂の兄弟」の一人が守護霊《しゅごれい》を務めている。つまり、守護霊は、実は自分自身の魂の一部である。したがって、「守護霊の霊言」とは、いわば本人の潜在《せんざい》意識にアクセスしたものであり、その内容は、その人が潜在意識で考えていること（本心）と考えてよい。

なお、「霊言」は、あくまでも霊人の意見であり、幸福の科学グループとしての見解と矛盾《むじゅん》する内容を含《ふく》む場合がある点、付記しておきたい。

# 第1章

# 栗《くり》山《やま》千《ち》明《あき》の守《しゅ》護《ご》霊《れい》インタビュー

二〇一四年六月四日　収録

東京都・幸福の科学　教《きょう》祖《そ》殿《でん》　大《たい》悟《ご》館《かん》にて

栗山千明《くりやまちあき》（一九八四〜）

女優。茨城《いばらき》県出身。日本音楽高等学校卒業。幼少時から雑誌やCM等のモデルで活躍《かつやく》するとともに、小学校四年で児童劇団に所属。映画「死国《しこく》」で本格的に女優デビューし、ヒロインの幽霊《ゆうれい》役を熱演。さらに、「キル・ビル Vol.1」で国際デビュー、「下弦《かげん》の月〜ラスト・クォーター」で初主演。ほかにも、ホラーやスピリチュアル系の映画やテレビドラマに多数出演している。また、NHK番組「幻解《げんかい》！超常《ちょうじょう》ファイル ダークサイド・ミステリー」では進行役を務《つと》める。

質問者　※質問順

武田亮《たけだりょう》（幸福の科学副理事長 兼《けん》 宗務《しゅうむ》本部長）

竹内久顕《たけうちひさあき》（幸福の科学宗務本部第二秘書局局長代理）

斎藤哲秀《さいとうてっしゅう》（幸福の科学編集系統括《とうかつ》担当専務理事）

［役職は収録時点のもの］

# 1　NHK「幻解《げんかい》！超常《ちょうじょう》ファイル」ナビゲーター役の栗山千明《くりやまちあき》の守護霊《しゅごれい》を招く

## 超常《ちょうじょう》現象を〝ダークサイド〟扱《あつか》いするNHK番組

大川隆法　今日、ささやかではありますが、非常に「重要なテーマ」でもある内容についてチャレンジしてみたいと思っています。

今、NHKで、栗山千明《くりやまちあき》さんがナビゲーターを務める「幻解《げんかい》！超常《ちょうじょう》ファイル　ダークサイド・ミステリー」という番組が放映されていて、その解説本も出たばかりです。

この番組は、要するに、「闇《やみ》世界に光を当て、怪《あや》しげな幻《まぼろし》の正体を解き明かしていきます」ということで、基本的には、「霊界《れいかい》やUFO、超常現象といったものを、みな、〝ダークサイド〟と見なし、それらが科学的に間違《まちが》い、勘違《かんちが》い、偽物《にせもの》であると明かしていくことが、光のある世界なのだ」とでもいうような、単純な白黒のつけ方で番組構成がなされていると思います。

　もちろん、これは、プロデューサーのほうの基本的な考え方であって、栗山千明さん自身がつくっているわけではないのですが、こういう心霊ものに向いている人として、番組のナビゲーターに起用されたのでしょう。そこで、ご本人がどういう方であるのか、少し調べてみることにします。

　栗山さんの風貌《ふうぼう》から見ると、どうでしょうか。

　番組では、最初、黒い服を着た魔女《まじょ》風の姿（闇のナビゲーター）で出てきて、

「闇が誘う不可思議な謎、光が導く検証と真相。２人の栗山千明があなたとともに幻を解き明かしていきます」というナレーションとともに登場する「闇のナビゲーター」（右）と「光のナビゲーター」（左）。衣装だけでなく、メイクや表情、背景等も対照的な演出が施されている。

そのあと、白い服を着た天使風の姿（光のナビゲーター）に変わります。その〝黒い魔女役〟のときには、ミステリーがいかにも本物であるかのごとく語るのですが、そのあと、真っ白な天使のようになって、「科学の光を当てれば、そんなものは、全部、雲散霧消《うんさんむしょう》してしまう」という感じに変わるわけです。

ただ、〝魔女役〟もけっこう似合《にあ》う方なので、「もしかすると、普通《ふつう》の人とは〝違う世界〟と縁《えん》のある方なのではないか」という気がしなくもありません。

## 神秘的な女優・栗山千明さんの出演作品について

大川隆法　栗山さんについては、そう大して詳《くわ》しくは知りませんが、一九九九年に●「死国《しこく》」という映画がありました。

私は四国出身ですけれども、こちらは「死ぬ国」と書く死国です。四国八十八箇所霊場《れいじょう》を、死んだ人の年齢《ねんれい》の数だけ逆回りすると、死んだ人が蘇《よみがえ》るというようなテーマだったと思います。

●「死国」　坂東眞砂子の同名小説を映画化（1999年公開）。四国八十八箇所を逆回りして死者を蘇らせる禁断の儀式にまつわる恐怖を描いたホラー作品。

その幽霊《ゆうれい》役に出たあたりから、栗山さんも有名になってきているのではないでしょうか。

私は怖《こわ》かったので、あの映画を観《み》に行きませんでした（笑）。実際に幽霊を知っている人は、ああいうものを観に行きたくなくなるのです。知らない人は、「どうせこれは嘘《うそ》だ」と思って観るので平気で、映画館に〝涼《すず》み〟に行くのかもしれませんが、実際に知っている人は、ああいうものは、かえって怖くて観られないのです。

そこに何らかの霊指導が働いている場合、それがつながってくることもあるので、実は怖いものがあります。

栗山さんは、この手のものにだいぶ出ているので、もしかしたら、〝厄祓《やくばら》い〟をしたくてこういうNHKの番組に出ているのかもしれません。

ほかにもいろいろと出ていますが、私が知っているものとして、確か、「妖怪《ようかい》大戦争」という映画にも出ていたように思います。それにしても妖怪の類《たぐい》がお好きですね。

それから、「鴨川《かもがわ》ホルモー」という映画にも出ていましたが、これもエンターテイ

●**式神**　陰陽道において、和紙でつくられた式札を、陰陽師の術法によって一種の鬼神のようなものに変身させ、変幻自在に不思議なわざをなすもの。

ンメント性がある作品で、私も何度か観たことがあります。

京都の大学に怪しげなサークルがあり、そこに勧誘《かんゆう》されて入った新入生は、何を活動しているのか、しばらくたたないと分かりません。

実は、そのサークルは、昔の陰陽師《おんみょうじ》の伝統を引いており、毎年、大学対抗《たいこう》で式神《しきがみ》同士を戦わせて、どちらが勝つかを競っていたわけです。これが「ホルモー」という競技で、実際に、鴨川の河原《かわら》で戦いをやって見せるところが出てきます。

サークルに入ったばかりの新入生は、最

「鴨川ホルモー」　京都の大学で受け継がれている式神同士の戦いが描かれたスピリチュアル青春ドラマ（2009年公開）。

「妖怪大戦争」　少年タダシが、日本古来の妖怪たちとともに、世界を支配する悪霊軍団の陰謀を阻止すべく戦う妖怪アドベンチャー（2005年公開）。

初、式神が見えないのですが、しばらく訓練していくと、だんだんに式神が見えるようになります。

そして、式神に号令を出して、「京都大学が勝つか、立命館《りつめいかん》大学が勝つか」という感じで戦わせるやつですね。ほかにも、龍谷《りゅうこく》大学や京都産業大学などもあったように思います。

そういう「妖怪の世界」というか、「陰陽師の世界」の〝現代版〟で、この式神が面白《おもしろ》いキャラクターになっていて、一種の呪術《じゅじゅつ》のような呪《まじな》いの言葉を使いながら戦わせていました。

栗山さんの出演作について、私が覚えているのはこの程度ですが、ほかにもいろいろと出ているようではあります。

そして、その神秘性のところを買われたのだと思いますが、最近では、ＮＨＫの「幻解！超常ファイル」に起用されているのでしょう。

## 宗教を否定する流れをつくっているＮＨＫの「邪見《じゃけん》」

大川隆法　私は、不可思議な現象の解明をすること自体は、そちらに関心を向けさせるという意味では、悪いことではないと思っていますし、そのなかに真実ではないものも数多く紛《まぎ》れ込《こ》んでいると思われるので、それを選《よ》り分けたり、疑問を投げかけたりすること自体も、悪いことではないと思っています。

しかし、番組のなかで、いろいろと紹介《しょうかい》したあとで、最後に、学者の意見や推測などで簡単に結論づけ、「偽物《にせもの》、フェイクだ」というような感じでパッと終わってしまうやり方については、ここに〝刷《す》り込み〟が入ってくると、宗教等を否定してきた戦後教育の延長上にしかなりません。これは基本的に、「ＮＨＫが宗教教育、あるいは宗教そのものを否定する流れをつくっている」ことになるのではないでしょうか。

「結局、目に見える世界しかなく、目に見え、科学によって実証できるもの以外は存在しない」というような主張をしているのでしょうが、これも「邪見《じゃけん》」の一つだと

●邪見　基本的な宗教信条が間違っているため、物事を正しく見られないこと。（『悟りの挑戦（下巻）』〔幸福の科学出版〕第５章「無我中道」参照）

私は思うのです。

## 「閉《と》じられた世界」と「開かれた世界」

大川隆法　たとえるならば、哲学《てつがく》論争において、カール・ポパーのような人が、プラトンに対して行った批判に似ています。

プラトンがつくった世界観というのは、師であるソクラテスの意見ですけれども、「この世の周りに霊界があって、霊界から人間がこの世に生まれ変わり、転生輪廻《てんしょうりんね》を繰《く》り返している。また、この転生輪廻は動物の世界にまで及《およ》んでいる」というようなことや、死んであの世へ行って見聞《けんぶん》してきた話などが出てきます。

また、『国家』のなかに「エル」という人の物語が出てきます。戦場で死んだと思われていたエルが、薪《たきぎ》の上で焼かれようとする、まさにその寸前に息を吹《ふ》き返し、あの世で見てきたことを語る話を、プラトンが叙述《じょじゅつ》していることで有名です。

哲学には、霊魂《れいこん》やあの世、転生輪廻等を認めたところから出発しているにもかか

●カール・ポパー（1902～1994）オーストリア出身イギリスの哲学者。「反証する方法がない仮説は科学ではない」と唱える。主著『開いた社会とその敵』等。

わらず、その下流《かりゅう》にある後世の人たちは、そこの部分を全部無視して、単なるディベートにしたり、単なる論理学にしたり、最近では数学に近いような哲学も増えてきています。そういうものを、今の人は「進んでいる」と考えているのでしょうが、「本当は、真実から遠ざかっているだけかもしれない」と思うのです。

カール・ポパーのような哲学者は、「『霊界』などというもので人間を封印《ふういん》することは、中世の宗教が、人間をこの世に押《お》し込めるための方便だった」と思い、「科学で解明できる自然界が『開かれた世界』であり、宗教でこの世を覆《おお》ってしまうような世界は『閉《と》じられた世界』だ」といった考え方を持っていたようですが、私の考え方はその逆です。

プラトン（前427～前347）
古代ギリシャの哲学者。ソクラテスの弟子にしてアリストテレスの師。転生輪廻する不滅の霊魂を重視し、超越的なイデアの存在を説くとともに、理想国家論、哲人王による支配の要諦などを説いた。

## あの世の世界は「闇《やみ》」の世界ばかりではない

大川隆法　私の『太陽の法』（幸福の科学出版刊）等にも書いてありますように、この世は「三次元世界」であり、この世の周りに四次元世界、五次元世界、六次元世界以降の世界が何重にも巻いていて、「この世とは違う要素」の加わっていく世界があります。これが、いわゆる「地獄《じごく》」や「天国」という世界に、ちょうど対応しています。

そういう次元というものが、あの世の構造と、実にうまく対応しているように思うことを、同書では述べています（左図参照）。

　そうであるならば、「あの世の世界は『闇《やみ》』の世界」と断定することについては、地上付近で迷っている霊たちのつくっている世界や、地獄の世界をそのように言う分には、確かに正しいかもしれませんし、「ダークサイド」と言ってもよいかもしれません。

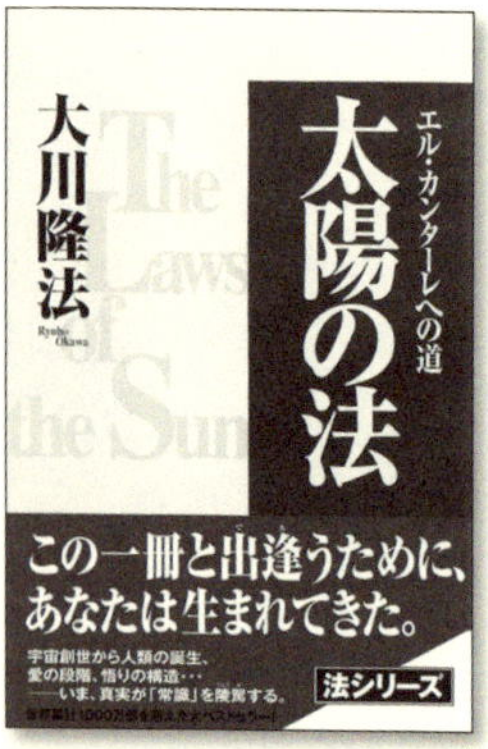

多次元世界の秘密について解き明かされている『太陽の法』（幸福の科学出版）

あの世の次元構造《こうぞう》
九次元 宇宙界《うちゅうかい》
救世主の世界
八次元 如来界《にょらいかい》
時代の中心人物となって歴史をつくってきた人たちの世界
七次元 菩薩界《ぼさつかい》
人助けを中心に生きている人たちの世界
六次元 光明界《こうみょうかい》
神に近い人、各界の専門家がいる世界
五次元 善人界《ぜんにんかい》
善人たちが住んでいる世界
四次元 幽界《ゆうかい》
すべての人間が死後にまず赴《おもむ》く世界
地獄界《じごくかい》
天国と対立する世界ではなく、幽界の下部に巣くう世界
三次元 地上界
霊界《れいかい》の裏側《うらがわ》（仙人《せんにん》・天狗界《てんぐかい》）

しかし、それを突《つ》き抜《ぬ》けた天上界《てんじょうかい》のほうは、「ダークサイド」ではなく、「光」の世界ですので、そこまでを含《ふく》めて否定してしまうのは、むしろ、人間を狭《せま》い狭い、「閉じ込められた」世界のなかに押し込むことではないでしょうか。

## 霊感《れいかん》のある人が伝える世界を受け入れられるか

大川隆法　別のたとえで言えば、ここに百人の人がいたとしましょう。そのうちの九十九人が目の見えない人で、目の見える人は一人だけだった場合、目の見える人が、この世の世界のあり方、かたちや景色《けしき》、色などを説明しても、残りの九十九人には見えないならば、もはや、「それを信じるかどうか」しかないわけです。そして、描写《びょうしゃ》されたものを受け入れるか、「自分に見えないものは信じない」と言い張るか、そのどちらかしかありません。

さらに、別のたとえで言えば、耳の聞こえない人が九十九人いて、一人だけ聞こえる人がいた場合、その人が聞こえる音の世界について、耳の聞こえない人に対し、例えば、「モーツァルトとバッハとヘンデルは、こんなふうに違う」とか、「最近の音楽では、こういうものが素晴《すば》らしい」とか、いくら説明をしたとしても、それは、「理念」として理解しても、「音楽」としては理解できないだろうと思うのです。

人間には「眼《げん》・耳《に》・鼻《び》・舌《ぜつ》・身《しん》」に対応した五感があるといわれていますが、神秘現象は、いわゆる「第六感」、要するに「霊感《れいかん》」と関係しているわけです。霊感がある人とない人とでは、やはり違いがあるのです。

霊感のある人が、いろいろなものについて見たり感じたり聞いたりしたものを伝えても、それを信じる人と信じない人がいます。信じない人のなかには、「自分が体験できないと感じられないものは、信じない」と断定してくる人がいるのです。多数決の原理も〝民主主義〟と考えたときに、信じない人のほうが数が多ければ、信じる人のほうは「ダークサイド」として否定されることがありますが、「それが真実の世界であった場合、どうするのか」ということです。

## 「幻解《げんかい》！超常《ちょうじょう》ファイル」で『聖書《せいしょ》』を分析《ぶんせき》するとどうなるか

大川隆法　NHKの「幻解《げんかい》！超常《ちょうじょう》ファイル」の分析《ぶんせき》の仕方をほかに当てはめたら、どうなるでしょうか。例えば、『聖書《せいしょ》』の場合、このかたちで、『旧約聖書』『新約聖書』とも分解していったら、信仰《しんこう》などというものは存在しないことになります。全部について「トリック」や「空想」、「インチキ」のオンパレードになると思います。

これは簡単です。私たちでも、ディレクターの代わりに台本を書こうと思えば書けます。例えば、「イエスが水をワインに変えた話」については、「それは、すり替《か》えたのでしょう」と、「トリックのパターン一、二、三……」と、つくることはできるでしょう。

また、「死者が蘇った」という話については、「それは、一時的な仮死状態になるようなものがあるからだ」と言うことができます。フグの毒のようなものや、一時的な仮死状態になる薬などもありますし、砒素《ひそ》のようなものもありますので、そういうものを使えば、「何日かして生き返る」というようにもできるわけです。それらを使った「密室トリック」のようなものもありますので、そのように〝暴《あば》いて〟いくことも可能でしょう。

さらに、古代のユダヤ教になれば、もっと神秘的な話がたくさん出てきます。そこでは、神の姿は見えないのですが、神の声だけは聞こえる人がいるわけです。そういう「預言者《よげんしゃ》」という人が一人だけいて、「神がこうおっしゃっている」と言っているのですが、他の人には神の声が聞こえないわけです。

『新約聖書』には、すでに亡くなってから４日経っていたラザロの墓の前で、イエスが、「ラザロよ、出てきなさい」と言うと、死んだはずのラザロが出てきたという奇跡が書かれている。（絵：ジョット作「ラザロの復活」）

つまり、「『預言者が言うことを信じるか、信じないか』という〝踏《ふ》み絵〟が迫《せま》られていて、信じた場合には、神の機嫌《きげん》はよいが、信じなかった場合には、天罰《てんばつ》が下《くだ》されることもある」ということです。こういう論理が、『旧約聖書』や、その時代の宗教にはわりあい多いと思います。

このように、ある人が一人で、「神の声が聞こえる」と言っているわけですが、「幻解！超常ファイル」的なアプローチをすれば、「嘘《うそ》をついたら、それで終わりではないか」「『嘘つきが一人いた』ということで、終わりではないか」ということになります。

ただ、「嘘つきに、みんなが騙《だま》された」というだけで、何千年もの歴史がかたちづくられてくるとは考えにくいことです。今、キリスト教だけでも二十億人ほど信者がいると思うのですが、これらの人々が、毎年毎年、『聖書』を読み続けていること自体に異常性があることになります。

日本の神話にも、今の日常生活から見れば不思議なことがたくさん書いてあります。一部、象徴学《しょうちょうがく》的なものもあるかもしれませんが、大事な、霊的な部分も入っていると思うのです。

こういうものに対して、警察の鑑識課《かんしきか》が指紋《しもん》でも採《と》ったかのような証拠《しょうこ》がないかぎりは認めないわけです。そのような態度は、やはり偏見《へんけん》ではないかと、私は思います。

## 〝歴史好き〟な番組プロデューサーは「左翼史観《さよくしかん》」に偏向《へんこう》？

大川隆法　この番組を担当しているのは、ＮＨＫエンタープライズ情報文化番組エグゼクティブ・プロデューサーの渡辺圭《わたなべけい》氏という方です。私より十歳《さい》ぐらい年下で、歴史好きの方のようです。

ただ、歴史好きにも、実証性というか、考古学の延長上で証拠があるものだけを信じる人がいます。文献《ぶんけん》とか、具体的なものが出てきたとか、そういう時代考証《こうしょう》ができるものだけを中心に信じていくような人もいますが、「人間の生き方」や、もっと大きな「天意」のようなものが働いて革命が起きてくるような歴史観もありえると思うのです。このあたりは、「左翼史観《さよくしかん》」と、「そうでないもの」とがぶつかっている部分ではあるのでしょう。

渡辺氏は、「司馬遼太郎《しばりょうたろう》氏の本を読んで目覚めた」と言うわりには、少し左翼史観のほうに偏《かたよ》っているのではないかと思います。

ここを正しておかないと、結局、「宗教を信じている者や、先祖供養《くよう》をしたり、墓参りをしたり、神社回りをしたりしている人たちは、そこに観光として行くなら結構だが、そうでなければバカではないかと思われている」ということになるでしょう。

そのへんについては、すべての宗教や、神秘的な現象を信じる者たちを敵に回していることにもなると思いますので、ささやかではありますが、「学校で勉強したものだけがすべてではないのだ」ということをお教えすべく、私たちも活動しています。

そういう意味では、社会啓蒙《けいもう》運動の一環《いっかん》として行っているわけです。

テレビは大きな媒体《ばいたい》であり、視聴率《しちょうりつ》が十パーセントもあれば、一千万人が観ているだろうと言われていますので、すぐに一千万、二千万という人が観ることになります。

私たちが本を出す場合、万の単位で出版するだけでも、なかなか大変であり、下手をしたらテレビのほうが千倍ぐらいは〝攻撃力《こうげきりょく》〟があるのではないでしょうか。その意味で、影響力《えいきょうりょく》のところは非常に大事です。

影響力が大きい以上、やはり謙虚《けんきょ》で慎重《しんちょう》でなければいけませんし、両方の側から見ていく考え方も大事なのではないかと思います。

## ＮＨＫが国民を間違《まちが》った方向に導くのは困る

大川隆法　今日は、最初に栗山千明さんの守護霊霊言《しゅごれいれいげん》をしてみようと思います。

「死国」「妖怪大戦争」「鴨川ホルモー」といった映画に出演した女優なので、非常に霊界と関係がある人のようにも見えるのですが、実際、どのように思っているのかを守護霊に訊《き》いてみようと思います。ご本人には会ったことがありませんので、守護霊のお考えを聴《き》いてみて、どのように見えるのかを調べてみたいですし、プロデューサーのほうについても、どんな考えの人なのかを調べてみたいと思います。

（質問者たちに）このように考えていますので、よろしくお願いします。

特別に個人攻撃をする気持ちがあるわけではないのですが、国民を啓蒙《けいもう》する立場にある者として、たくさんの人々を間違った方向に導いていかれることは困るわけです。

私などは、毎日のように、死んであの世に還《かえ》り、霊界の存在になっている人と話をしています。それらは、幽霊と言ってもよいし、守護霊や指導霊、悪霊《あくれい》、地縛霊《じばくれい》、悪魔、その他、いろいろなものになっている人がいますけれども、肉体を持っていない人たちと、毎日、話している人間から見れば、「そういう世界はない」というような結論に持っていくのは、あまりにもばかばかしいことです。すでに答えが百パーセント分かっているのに、それが分からない人がいるということが気の毒に思えてしかたがありません。

要するに、「目の見えない人が象《ぞう》を撫《な》でても、象の全体像は分からない」というたとえのようなことが起きているのではないでしょうか。

●さまざまな霊存在　守護霊：地上の人間の人生修行を助ける霊。魂の兄弟が務める。指導霊：大きな使命を持つ人間を専門的に指導する霊。地縛霊：自殺霊など、死んでも特定の場所に執着があって離れられない霊。
●群盲象評《ぐんもうぞうひょう》　凡人は大人物や大事業の一部しか理解できないというたとえ。

## 今まで放送された番組テーマへの疑問点

大川隆法　そういえば、「幻解！超常ファイル」においては、ネッシーを調査したときに、「やはり、インチキであった」という結論を出していました。

　例えば、「流木の見間違いだ」とか、「鳥の群れが動いていただけだ」とか、「ネス湖のなかで、波に逆らって物体が進むように見える現象（静振《せいしん》現象）が起きて、それが恐竜《きょうりゅう》に見えたのだ」などといったことを結論的に言っていたのです。つまり、「見間違いか、みんなが、『そう信じたい』と

NHK「幻解！超常ファイル『ネッシーの真実 Part1・2』」
(2014.5.3・10）から

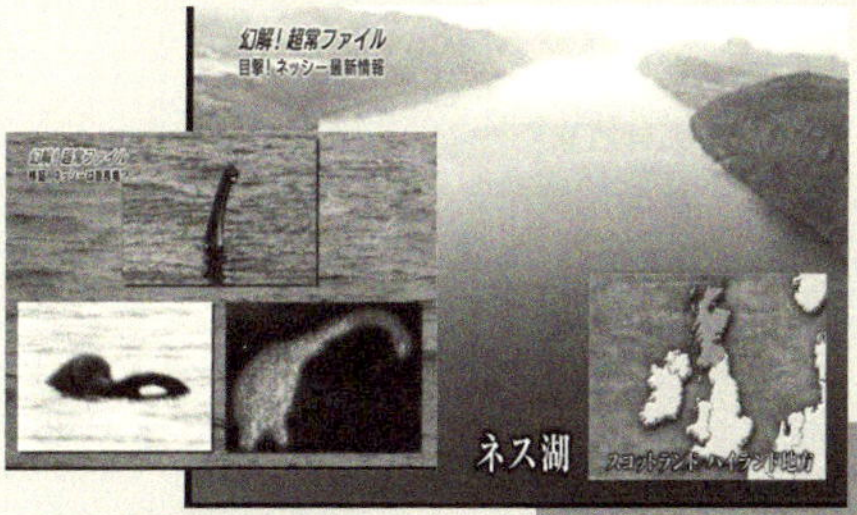


◀昔から謎の海中生物・ネッシーの目撃情報が数多くあるイギリスのネス湖。

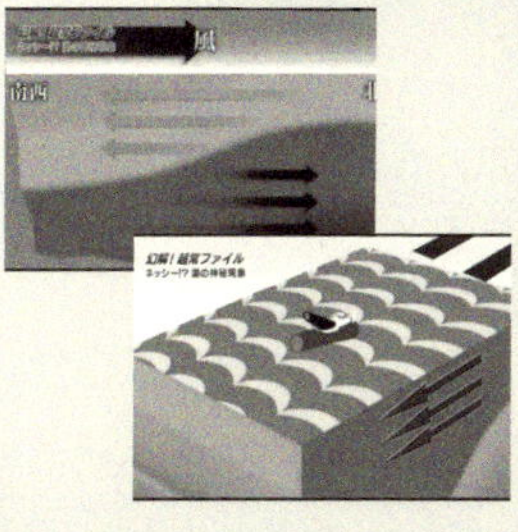


◀▲番組では、ネス湖特有の波の動き方（左図解）によって、物体が生物のように見える現象と説明。（上写真丸囲み部分）

いう気持ちが原因ではないか」というような結論でした。「もしかしたら、ネッシーで商売をしたいという気持ちなのかもしれないけれども、そのあたりだろう」という内容だったのです。

ただ、この番組が放送された後《のち》、某《ぼう》新聞に、「ネス湖の衛星写真に巨大《きょだい》な生物が映っている」という記事が載《の》っていました。その大きさは、宇宙から捉《とら》えても分かるぐらいの、数十メートルはある生き物のようなものが映っていたわけです。

そのようなものもありますので、私たちと同じように、疑問を感じる人がいるのではないでしょうか。「隅々《すみずみ》まで調べたわけでもないのに、意見を言うのは、どうなのか」という感じはします（『遠

イギリス「Daily Mail」（2014.4.18）の報道から

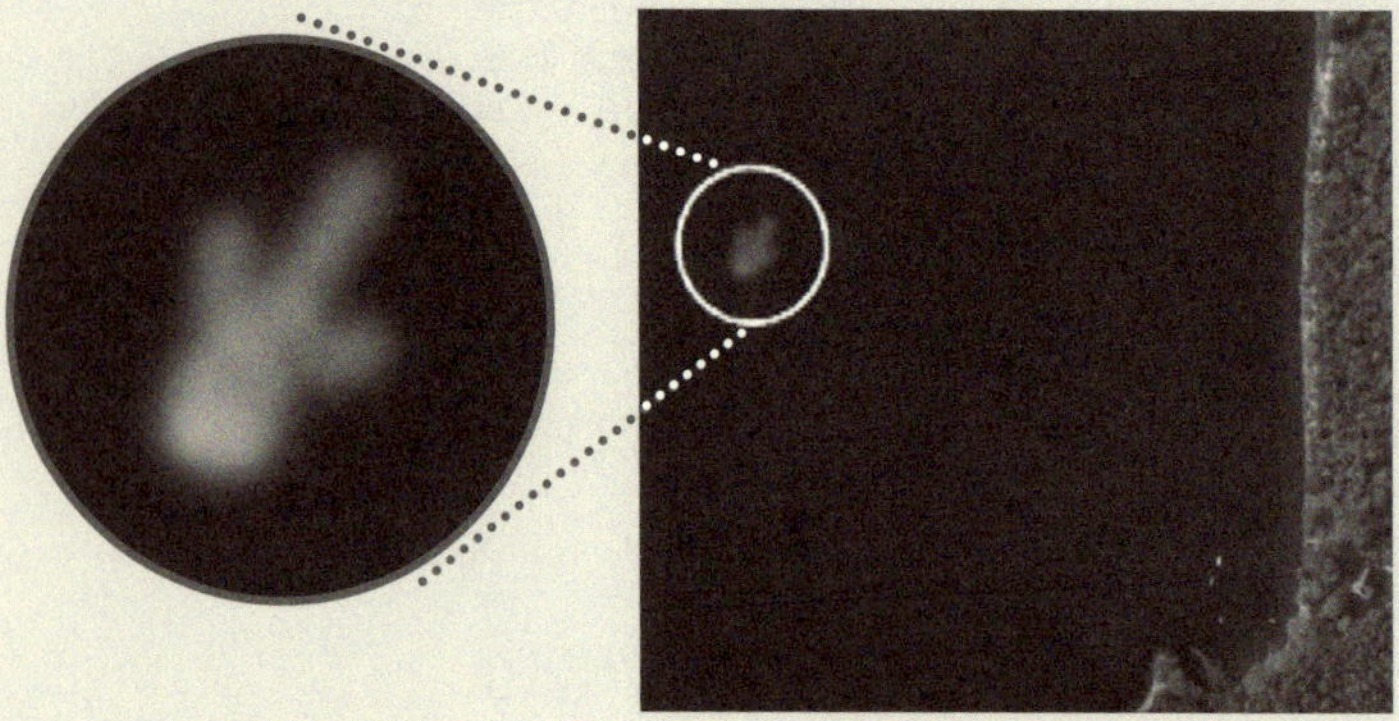

衛星画像から発見された謎のシルエット。全長推定 50 フィート（約 15 メートル）。

隔透視 ネッシーは実在するか』〈幸福の科学出版刊〉参照)。

それから、まだ、NHK総合テレビのほうでは放送されていませんが、解説本のなかに、「江戸《えど》時代、一八〇〇年ごろに『円盤《えんばん》型の舟《ふね》』が今の茨城《いばらき》県に流れ着いた。そのなかから、外国人のような異様な出《い》で立ちをした女性が箱を抱《かか》えて出てきた」という話がありました。

そして、それが瓦版《かわらばん》にいろいろと書かれて全国に広がっていき、二十年後ぐらいに滝沢馬琴《たきざわばきん》がその話を本にしたというような話が出てきます。そこから、「瓦版のもとになったものを書いた者は、滝沢馬琴ではないか」というような推論を紹介し、

江戸時代のUFO譚(NHK BSプレミアム版 2013.4.24 放送)

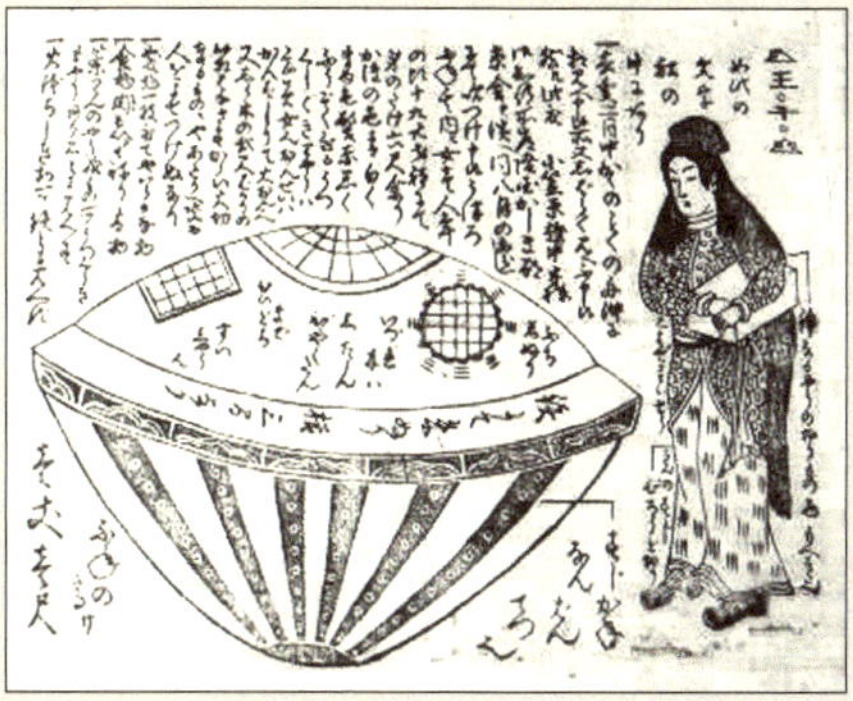

江戸時代末期の享和3年(1803年)、常陸国(茨城県)の海岸に、幅三間(5.5メートル)の円盤状の舟が漂着した。上半分には硝子の窓、下半分は鉄でできていた。そのなかから赤毛の美しい女性が出てきた。同様の伝説が全国各地にあるという。
番組では、『南総里見八犬伝』の作者・滝沢馬琴の創作と推定している。
(絵:うつろ舟の話を伝える瓦版/船橋市西図書館蔵)

「結局、一人で全部創作した」という方向に持っていっています。

（解説本で紹介されている絵を見せながら）一八〇三年ごろ、円盤から外人のような謎《なぞ》の女性が四角い箱を持って出てくるわけですが、UFOなど、全然、分かっていなかった時代のものです。ほかにも絵がたくさん紹介されていますが、どれもUFOにしか見えないような絵です。

番組の結論の持っていき方としては、やや単純というか、緻密《ちみつ》でない印象を受けます。数多くの事例を、全部すっぽかしても、何か一つでも反証を挙げ、反論できれば、それで終わりにしているところがあります。「まず、結論ありきなのではないか」ということが気になるところでしょう。

以上を前置きとして、調べに入りたいと思いますので、よろしくお願いします。

それでは、たいへん恐《おそ》れ入りますが、現在、NHKの「幻解！超常ファイル」に出てナビゲーターをしている、女優の栗山千明さんの守護霊をお呼びしまして、番組制作に立ち会い、ご本人としてはどのように感じておられるのか、あるいは、あの世や超常現象について、どのように考えておられるのか、お訊きしたいと思います。

（合掌《がっしょう》し、瞑目《めいもく》する）

女優・栗山千明の守護霊よ、どうか、幸福の科学 教祖殿《きょうそでん》に降りたまいて、われらにその真実を語りたまえ。

女優・栗山千明の守護霊よ、どうか幸福の科学 教祖殿に降りたまいて、その真実の言葉を語りたまえ。

（約二十五秒間の沈黙《ちんもく》）

## 2　実際は、「霊的現象《れいてき》」を体験している？

### 幽霊《ゆうれい》やお化《ば》けに起用されることが多いキャラクター

武田　栗山千明さんの守護霊様でいらっしゃいますか。

栗山千明守護霊　そうです。

武田　本日は、幸福の科学 教祖殿《きょうそでん》にお越《こ》しくださいまして、ありがとうございます。

栗山千明守護霊　はあ……（ため息）。なんだか、とっても緊張《きんちょう》してます。

武田　そうですか（笑）（会場笑）。私たちは、悪者《わるもの》ではございませんので、どうぞリラックスしてくださって構いません。

栗山千明守護霊　なんか、私が悪者ということ……。

武田　いえいえ、そういうことではございませんので。お話を伺《うかが》いたいと思っております。

栗山千明守護霊　ああ、そうですか。とても〝怖《こわ》い〟ところに呼ばれたような感じで……。

武田　今、守護霊様ということで、お声をかけさせていただいたのですが、「そのご認識がおありになる」ということでよろしいですか。

栗山千明守護霊　あります。

武田　そうですか。

今、大川総裁から、いろいろとお話がありましたが、現在、幸福の科学では、NHKの「幻解《げんかい》！超常《ちょうじょう》ファイル」という番組にたいへん注目しておりまして、そのナビゲーター役として活躍《かつやく》されている栗山千明さんにも、この番組に関することやご感想などについてお話を伺いたいと思っています。

栗山千明守護霊　私は「幽霊《ゆうれい》」や「お化《ば》け」に縁《えん》があるらしくて、いろいろ起用されることが多いんですよねえ。なんか、そういう〝怖いキャラ〟なんでしょうね。キャラクターとして……。

武田　（笑）キャラクターが？

栗山千明守護霊　お化けになりそうなキャラクターなんでしょうねえ。

「番組内容の真実性」については保証できると思っていない

武田　この番組の趣旨《しゅし》は、超常現象を科学的に分析《ぶんせき》して、超常現象とはいかなるものなのかを明らかにすることかと思うのですが、番組を観《み》ますと、基本的に、「超常現象なるものはない」という結論になっています。そういうものを見た人の勘違《かんちが》いだったり、インチキだったり、噂話《うわさ》だったりするということで、必ず結論づけられているように見えるのですが、まず、このあたりについて、栗山さんの率直《そっちょく》な感想から伺いたいんですね。

栗山千明守護霊　うわあ、これは大変だわ。〝裁判〟ですね。いちおう、事前に申し上げておきたいんでございますが、女優が演技で人を騙《だま》すことは、罪ではないことになっておりますので。

武田　そうですね。

栗山千明守護霊　いちおう、台本に基《もと》づいて演技をして、誰《だれ》かのふりをすることは、一般《いっぱん》世界における詐欺《さぎ》とは違います。この世で、私があなたのふりをしたら、それは犯罪になるかもしれませんが、演技としてやる分には罪ではありませんので。

武田　はい。そのように私も思っています。

栗山千明守護霊　そのへんはお許しいただきたいと思っております。まあ、それが前提で。

「演技をしたら、みんな詐欺師《さぎし》だ」というふうに持っていかれると、こちらも困るのです。いちおう台本があって、指導があってやっていることではあるので、私の意見で全部できてるわけじゃないんですが、そういう〝怪奇《かいき》もの〟に向いてるキャラだと思われて私を起用されたので（笑）。

まあ、仕事としては、かなり大きなものに当たりますので、ありがたいことかと思ってお受けはしているんですけども、内容の真実性については、私のほうが保証できるとは思っておりません。

## 撮影《さつえい》中、霊的《れいてき》なものを感じて鳥肌《とりはだ》が立つことがある

武田　では、栗山千明さんご自身は、例えば、幽霊《ゆうれい》ですとか、あの世ですとか、ＵＦ

Oですとか、こういうものをご認識していますか。あるいは信じていらっしゃるんでしょうか。

栗山千明守護霊　まあ、これは、番組の都合上《つごう》、私は非常にニュートラルでなきゃいけないことになっているだろうから、あとの仕事がしにくくなることは、非常に言いにくいことではあるのですけれども、一般には、そういうものが好きなタイプだと思われていることは事実です。

だから、そういう私を出してきて、（ナビゲーターを）やらせて、否定させているということなんだろうとは思いますが。

武田　例えば、出演されている映画のなかに、「死国《しこく》」ですとか、「トイレの花子《はなこ》さん」ですとか、「妖怪《ようかい》大戦争」ですとか、「鴨川《かもがわ》ホルモー」ですとか、幽霊や妖怪に関するものがありますが、こういうときに霊的な体験などをしたことはありませんか。

栗山千明守護霊　いやあ、現実にはいろいろありますよねえ。撮影《さつえい》していると、やっ

●「トイレの花子さん」　学校のトイレに現れるお化けとして語られる怪談「トイレの花子さん」をモチーフにしたホラー映画（1995年公開）。

ぱり、それらしい感じっていうかねえ、場所や物語にあった霊的な存在らしきものがいろいろ関与《かんよ》してくることもあるし、ゾクッとするような経験っていうのはかなりありますよねえ。

だけど、それを、「神経の作用だ」「脳の作用だ」とお医者様が言ってくだされば、「そうなのかなあ」と理解するようにはしているんですけども。

でも、やっぱり、私は、何となく、鳥肌《とりはだ》が立つタイプなんですよ。だから、ほんとは怖い。

武田　「霊感がある」ということですか。

栗山千明守護霊　ほんとは怖い（笑）。ほんとは怖いし、たぶん感度は悪くないのかもしれないと思うんですが、なるべく、「そういうものは思い込《こ》みなんだ」と思おうと努力はしているんです。ただ、どうしても、うーん……。まあ、大勢の人の目はごまかせないっていうか、そうしたものによく起用されていきますねえ。

武田　実際、何かが視《み》えたり、聞こえたりするという経験はあるのですか。

栗山千明守護霊　うーん……。ハハハ（笑）。名前が千明《ちあき》で、「千《せん》に明《あ》ける」と書いてあるから、視えなきゃいけないんでしょうけども。

はっきり言えば、「霊能者として、職業が成り立つようなかたちで視える」っていうことはないんですけども、「感じる」っていうことはよくある気がします。それらしいものを感じることは、仕事上、よくある感じがします。

まあ、最近、ＮＨＫの「幻解ファイル」に出させていただいてるので、気をつけて発言しなきゃいけないとは思いながらも、自分でも、「どうかな」と思うようなことがありますね、やっぱり。

武田　なるほど。

## 幽霊《ゆうれい》ものに出演するときに「お祓《はら》い」を受けている役者たち

竹内　少し気になることが一つあるのですが、ご自身はインタビューにおいて、「霊《れい》的《てき》現象は体験したことがない」とおっしゃっています。ただ、「実際は、そうではない」ということは、ＮＨＫ制作陣《じん》から、何か言われているのですか。

栗山千明守護霊　いやまあ、「脳の作用だ」と言われれば、そういうことなんでしょうから。体験したように思えても、脳の作用により、そのように感じたと……（笑）。まあ、「フォールスメモリー（偽《いつわ》りの記憶《きおく》）を感じた」と言われたら、「まあ、そうかもしれない」ということになりますからね。

竹内　「ご自身は霊的現象を認めている」ということなんですか。

栗山千明守護霊　役者さんたちが幽霊《ゆうれい》ものに出演するときは、普通《ふつう》は、みんな、お祓《はら》いを受けに行きますから（笑）。それを信じないほうが少数派でしょうね、現実はね。

斎藤　お祓いはお受けになったことがありますか。

●フォールスメモリー　まったく事実無根の記憶であるにもかかわらず、本人が事実であると思い込んでしまう症状。催眠療法などで間違った誘導をすることにより、体験していないことを自分の記憶と思い込んでしまうことがあるとされる。（本書 P.150 参照）

栗山千明守護霊　（質問者に満面の笑みを浮《う》かべる）いやあ、ハハハハハ。

斎藤　どうでしょう。

栗山千明守護霊　（手を叩《たた》きながら）まあ、それは三十年近い人生ですから、経験がないわけではないでしょうねえ。

斎藤　信じていないと、受ける意味がありませんものね。

栗山千明守護霊　うーん。やっぱり、受けないと、みんな、怖くてね。〝お化けもの〟が撮《と》れないんですよね。撮り終わったあと、厄落《やくお》としみたいなのをしないと、何か、ちょっと気持ち悪い感じがあるので。みんな、いろんなところでお祓いしてもらったり、御札《おふだ》をもらったり、お守りをもらったりしてますよ。

だから、気持ちはほんとによく分かります。うん。何か、体が重くなったりするようなことは、けっこうあるんですよね。

斎藤　ゾクッとくるようなときはありますか。

栗山千明守護霊　そりゃあ、まあ、ありますよ。

斎藤　スタジオとかで？

栗山千明守護霊　まあ、それは、男性に触《さわ》られてゾクッとするようなことだってあります（笑）。

斎藤　それは別としまして（苦笑）。

栗山千明守護霊　夜なんかだったら、みんな、帰りは怖いしねえ。そういう怪談のセットみたいなところで寝泊《ねとま》りしたり仕事してたりすると、やっぱり、ゾクッときますよね。

武田　そういうときに、金縛《かなしば》りなどはありませんか。

栗山千明守護霊　いやあ、だから、（竹内を指して）この方に、「インタビューで『霊的体験はない』とおっしゃっている」と言われたから、ないことにしなきゃいけないですけど、金縛りなんか、しょっちゅうあるような気もします（笑）。

斎藤　しょっちゅうあるんですか。

栗山千明守護霊　たぶん、「神経の迷いか、疲《つか》れがたまってるのかな」と思うようにしてますけども、しょっちゅうあるような気がしないわけではないですが。

## 3　NHKのスタンスに、実は「疑問を感じている」

### 視聴者《しちょうしゃ》から番組への「厳しいご指摘《してき》」が寄せられている

斎藤　番組のナビゲーターとして、視聴者《しちょうしゃ》に対しまして、「ダークサイド、闇《やみ》の世界に光を当て、怪《あや》しげな幻《まぼろし》の正体を解き明かしていきます」ということで、番組のオープニングでは、あなたが両手に〝光の球《たま》〟のようなものを持っていて、それが広がっていくCG映像のシーンがあります。それが、その日の「番組のテーマ」になっていくわけですが、最後には「なかった」という結論を〝お導き〟になっています。

ただ、いくら女優とはいえ、「そういう現象は

「幻解！超常ファイル」では、光の球のなかに入ったさまざまなテーマの謎がたどられる趣向となっている。

ない」ということを〝逆啓蒙《けいもう》〟して、何も違和感《いわかん》は感じないのですか。

栗山千明守護霊　幽霊《ゆうれい》ものにはずいぶん出ましたからねえ。逆のものにも出といたほうが、〝バランス〟が取れて、よろしいんじゃないでしょうか。まあ、あんまり幽霊役ばっかりしてて、精神に異常を来《きた》すといけないので。

例えば、「貞子《さだこ》３Ｄ《スリーディー》」みたいなのに出た女優さんは、そのあと、しばらくは、たまらないでしょう。ほかでも起用してもらえないんだろうし、その役柄《やくがら》を落とすのは大変でしょうね。ああいうのに出たらねえ。

斎藤　呪《のろ》いの怨念《おんねん》と書く「呪怨《じゅおん》」●（ビデオオリジナル版）という作品にも、「こわーい！」とか叫んでいる女子高生の〝ちょい役〟に出られたこともありますし、そういう呪いや怨念系のホラー映画にもたくさん出ていらっしゃるので、そのへんの手触《てざわ》り感というのは、普通《ふつう》の女優とは違《ちが》って、たくさん持っておられると思いますが。

栗山千明守護霊　なんか、長い黒髪《くろかみ》が似合うらしいんですよねえ、そういうのに。

●「呪怨」　この世に強い怨念を残して死んだ女性が、その呪いを人々に伝播させるオムニバス形式のホラー・ビデオ（1999年発売）。

斎藤　長い黒髪が似合う？

栗山千明守護霊　うん。幽霊に似合うらしいので。もう、困ったな、困ったな。番組が終わるまでは、ちょっと本音が言いにくいんですけどね。

確かに、おほめいただく場合もあるんですが、最近は、（視聴者から）「厳しいご指《し》摘《てき》」もだいぶ寄せられているようでありますので。まあ……。

斎藤　それは、テレビ局にですか。

栗山千明守護霊　ええ。

斎藤　厳しいご指摘をお聞きになっていますか。

栗山千明守護霊　ええ。それは来てますよ。

斎藤　その番組のプロデューサーやディレクターから聞きますか。

栗山千明守護霊　ええ、来てますね。だいぶねえ。だんだんに。そんなにほめてばっかりっていうことはないですわねぇ。

だから、何て言うか、プロデューサーの方々のほうが善意に解釈《かいしゃく》して、「夢やロマンが失われてがっかりしている人がいるんだろう」という捉《とら》え方をしようと努力しているようではあるんですけどねえ。

うーん……、いやあ、困ったなあ。これ、許してぇ、もう。そんな私……。

## 物に念波《ねんぱ》が宿っているような「物念《ぶつねん》」を感じる

竹内　ご自身について、「物を捨てられない性格」とよく言われているんですけれども、小さいころも、ファンヒーターのようなものや、よく着ていた服などを捨てるときに、泣きながら、「ごめんなさい」と言って捨てているそうです。

小さいころから、物に宿る「式神《しきがみ》」とか、「妖怪《ようかい》」とか、「妖精」とか、そういったものを視《み》たり、聞いたり、感じたりしていた方でないと、普通、ポイッて捨てておしまいだと思うんです。やはり、何か体験的なものが深くあったのではないでしょうか。

**栗山千明守護霊**　まあ、「物念《ぶつねん》」のようなものは感じるんですね。物念っていうのは、「物《もの》の念」って書くんですが、物には、なんか念波《ねんぱ》が宿ってるような感じっていうのはありますよねえ。

例えば、手作りの物とかを頂いたときに、そのつくった人の念《おも》いがこもっているような感じってあるじゃないですか。そういう真心《まごころ》を込《こ》めてつくったものには、そういう波動があるし、その逆に呪いの藁人形風《わらにんぎょう》のものとか、ねえ？　要するに、呪いの人形的なものがあるじゃないですか。ああいう呪いをかけられた場合のは、逆のあれもあるじゃないですか。

そういうふうに、物にも、何かかたちができると、何かが宿るような感じがしないわけじゃないんですね。

## 人形などの人型《ひとがた》の物は「念がかかっていそうで怖《こわ》い」

武田　日本人形とか、少し怖《こわ》いですよね？

栗山千明守護霊　（ゾクッと身震《みぶる》いする）ええ、それは……。うーん……、ちょっと……。

斎藤　菊人形《きくにんぎょう》とかね。

栗山千明守護霊　いやあ……。やっぱり、人型の物は怖いですねえ。「何か、念がかかってたら嫌《いや》だな」っていう感じはある。

武田　よく、「涙《なみだ》が流れる」とか、「髪の毛が伸《の》びてくる」とかいうものがありますよね？

栗山千明守護霊　いやいや、まあ、そんなのは、きっと、「幻解《げんかい》！超常《ちょうじょう》ファイル」で、一生懸命《いっしょうけんめい》に暴《あば》くんじゃないかと思うんです。まあ、この世的にはあってはならないことなんでしょうけどもねえ。

武田　そうですよね。

栗山千明守護霊　「マリア像が血の涙を流す」とか、そんなことは、この世的にはあってはならないことであるけど、信仰《しんこう》をしている者にとっては、あったら望ましいことなんでしょうねえ。

## 栗山千明本人も神社・仏閣《ぶっかく》では「式神《しきがみ》的な存在」を感じている？

武田　守護霊様が見ていて、千明さんの周りで、何か、そういった心霊現象のようなことが起きていたことはありますか？

栗山千明守護霊　うーん……。

武田　本人が気づいていなかったら、分からないんですけどね。

栗山千明守護霊　うーん……。でも、式神《しきがみ》的なものは、神社・仏閣《ぶっかく》なんかに行くと感じるところがありますねえ。

武田　おお。それを感じるのは、ご本人が、それとも守護霊様が……。

栗山千明守護霊　いやあ、私はもちろん分かってますが、本人も、ちょっと感じてると思うんですけどねえ。

武田「感じる」というのは、もう少し具体的に言うと、どうなっているのでしょうか。先ほどのお話でもありました、「鳥肌《とりはだ》が立つ」ということですか。

栗山千明守護霊　うーん……、まあ、ある意味では、「これ以上、鋭敏《えいびん》になったら危険だ」と、自分でブレーキをかけてるところはあるんじゃないかなあと思うんです。

役者さんのなかには、「霊が視える」とか、「声が聞こえる」とか、「そういう体験をした」とかいうことを、自信を持っておっしゃる方もいらっしゃるんですけどもね。まだ、私は、それほど自信がないところもあるのかもしれませんし、まあ、「霊感女優」っていうので、どこまで売れるのか、ちょっと分からないので（笑）。

## 公共放送という立場としては中立的にならざるをえない

斎藤　大川隆法総裁も冒頭《ぼうとう》でおっしゃっていましたが、番組の前半では、黒い衣装《いしょう》を着た、妖艶《ようえん》で神秘的な雰囲気《ふんいき》の栗山千明さんが出てきて、解説に入るときには、「科学的な立場で」というような意味合いで、白くてきれいなワンピース風の衣装を着て出てきています。

どちらかというと、前者のほうがピッタリくるような感じがしていまして、白いほうが無理をしているように感じるのですが。

栗山千明守護霊　（苦笑）まあ、そのとおり……、ちょっと、あの……。

斎藤　視聴者のみなさんも、黒いほうが妙《みょう》に似合っている感じを受けているのではないかと思っているんですけども。

栗山千明守護霊　後半は天使風につくってるんでしょうけど。「天使」と「科学的」「唯物的《ゆいぶつ》な考え方」っていうのでは、あんまり整合性がないんですけどねえ。まあ、そういうふうにつくって、見た目としては、「ホワイト・スワン」と「ブラック・スワン」で対照《たいしょう》みたいな感じの色の印象になってはいますね。

いや、これは、もうディレクターに言ってちょうだい。私からは、これ以上、それについては……。

だから、「宗教側の人で怒《おこ》ってるタイプの人」もいるし、「唯物論っていうか、左翼《さよく》の方で喜んでる人」もいるし、まあ、両方いらっしゃるので。ああいうところには、〝両方〟の反応が入ってくるんですよ。

逆に、（番組を）つくっている私らのほうが、そうした神秘現象を丸ごと信じてるとしたら、それはそれで、今度はまた、攻撃《こうげき》がいっぱい来るものなんです。「いいかげんなことを言うんじゃない」「公共放送で、そういうインチキを流すんじゃない」みたいな攻撃が来るから、もし、信じている人であったとしても、「やや疑問があります」みたいな、中立的なかたちでしか言えないのが、番組ですね。

それで、（つくっている人が）信じてない人であれば、それが、もうちょっとはっきりと出てくるわけです。

だから、制作部の方が、そういう神秘現象を取り上げていること自体には、「実際はこういうものがあるんですよ」ということを教えている部分と、「その考え方をみんなに押《お》しつけたいわけじゃないんですよ」という言い訳の部分との、両方から成り立ってる面があって、そういうのが、公共放送の立場上、〝厳しい部分〟ではありますね。

## 同じ内容でもシナリオ次第《しだい》で「結論」を反対にできる

栗山千明守護霊　うーん……、まあ、結論を逆にして、最初は、「そういうのはありえない」っていう人のほうを先に出して、そのあとに、「だけど、実際には、こういうことを信じている人はこんなにいました」というふうに、（番組の）つくり方を引っ繰《く》り返したら、今度は（神秘現象を信じている人を）応援《おうえん》してるように見えるんですよねえ。

例えば、「ネス湖のインチキ写真が多い」っていうのを、いっぱいザーッと流したあとに、「しかし、それでも、見たという人がこれだけいる」っていうような感じの流れにさせて、「私たちは信じる」とか言う。

あるいは、ＵＦＯに関してでも、インチキ写真をいっぱい流したり、灰皿をくっつけてグルグル回してるようなインチキ映像を流したりして、「こういうインチキができるんですねえ」ってことをやっておきながら、「それでも、やっぱり、どうしても否定し切れない、こんなものがあります」っていうのを最後に持ってきて終わったら、今度は、信じてる者を支持しているようにも見える。

ですから、前と後ろの順序を入れ替《か》えるだけで、結論が反対になるんですよねえ。

## ＮＨＫ的に「いちばん傷つかない方法」でつくられている番組

栗山千明守護霊　まあ、公共放送としてのあるべき姿をめぐっての、「考え方の戦い」があるんだろうかから難しいんですけど……。

ただ、制作している以上、その制作してる人たちが、これにまったく関心がないっていうわけでもないとは思うんですよ。関心がないわけではないけど、「科学的説明はできない」ということを言いながら報道してるようなところがあるので。

「何もやらない」っていうかたちで、そういう神秘現象を完全に無視するほうが、ある意味では、いわゆる、無神論・唯物論の考えに近いのかもしれないとも思うので、紹介《しょうかい》しつつも、「科学的にはどうでしょうか」と疑問を呈《てい》するようなかたちで終わらせるのが、NHK的に、いちばん傷つかないやり方なんじゃないかなあと思ってはいるんです。

つまり、フィクションの世界として、映画とか小説とかの創作で、そういう悪魔《あくま》や幽霊など、いろんなものが出てくるっていうのは構わないし、演技でも構わないんですが、やっぱり、「ノンフィクションの世界で、それを当然のごとくやるのはいけない」っていうことですねえ。

今は、民放のドラマ●でも、「撃《う》たれた弾丸《だんがん》が脳に残ったことをきっかけに幽霊が視えるようになった警察官が、幽霊と話すことで誰《だれ》が犯人かが分かる」みたいなのをやってる。そういう「超能力警察官」みたいな、アメリカなんかでも流行《はや》っているよう

●「BORDER 警視庁捜査一課殺人犯捜査第４係」 テレビドラマ（2014年放映）。頭に銃撃を受けた刑事が、死者と交信する特殊能力を得てからの葛藤を描く。

なものをちょっと取り入れたドラマもやっていますから、影響《えいきょう》は、じわじわと入ってるんだと思うけど、やっぱり、「フィクション」という部分は残しておかないといけない。

「それを完全には肯定《こうてい》できない」っていうことで、「弾丸が残っているから、脳に何らかの異常が起きて幽霊が視えるようになったんだろう」みたいな、そういう、この世的な理由を、何でもいいから、とりあえず付けないと説得ができないみたいなところがあるので……。

ごめんなさい、私の立場上、何だか、すごく難しいんです。

## 4　番組制作中にも「心霊《しんれい》現象」が起きている？

### 番組内で行われる怪奇《かいき》現象の証明は「荒《あら》っぽい」

竹内　毎回、番組をつくられていると思うのですが、制作陣《じん》の方々と何度も打ち合わせを重ねたり、また、制作陣の方々は取材に行ったりもしていると思います。

栗山千明守護霊　（舌打ち）ああ……。

竹内　そうすると、番組制作者のなかには霊的《れいてき》に敏感《びんかん》になる人も、何人かはいらっしゃると思うんですよ。

栗山千明守護霊　それは、そうでしょうね。

竹内　すると、心霊現象に関する番組内容であれば、その心霊現象の世界とつながったり、宇宙系の内容であれば、宇宙系の世界とつながったりしてくると思うのですが、放送ではカットされているように思います。

収録中に電球が割れたとか、椅子《いす》が動いたとか、一切《いっさい》、何も出てこないのですが、本当は、制作途中《とちゅう》で、実際に何らかの現象が起きているのではないでしょうか。

栗山千明守護霊　そらあ、「幽霊《ゆうれい》トンネル」の取材とか、そんなのをやったら、本当は怖《こわ》いのは、みんな一緒《いっしょ》（笑）。信じてないと言ったって、そりゃ、みんな怖いですよ（笑）。

竹内　ええ。

栗山千明守護霊　やっぱり、「何か事故でも起きるんじゃないか」とか（笑）、「何か見たらどうしようか」とか思いますから。今は、ＣＧで怖い映像を幾《いく》らでもつくれるので、幾らでも怖さは増してくるんですけどね。

だから、すでにテレビで流した「幽霊トンネル」についてのものなんかでも、「トンネル内を車で通りすぎるときに、ドサッと、まるで車の上に人でも落ちてきたみたいな音がした」ということを報道しておいて、そのあとには、そのトンネルの入り口の上側の、レンガが少し欠けてるようなところを映して、「こういうレンガだか石だかが落ちてきたんだろう」みたいなことを言ってたけど、まあ、はっきり言って、証明にはなってませんよね。それが、台風によって欠けたのやら、大雨によって欠けたのやら分からないし、その事故のときに落ちたとは限らないですもんね。

NHK「幻解！超常ファイル『検証！魔のトンネル伝説』」(2014.5.24)から

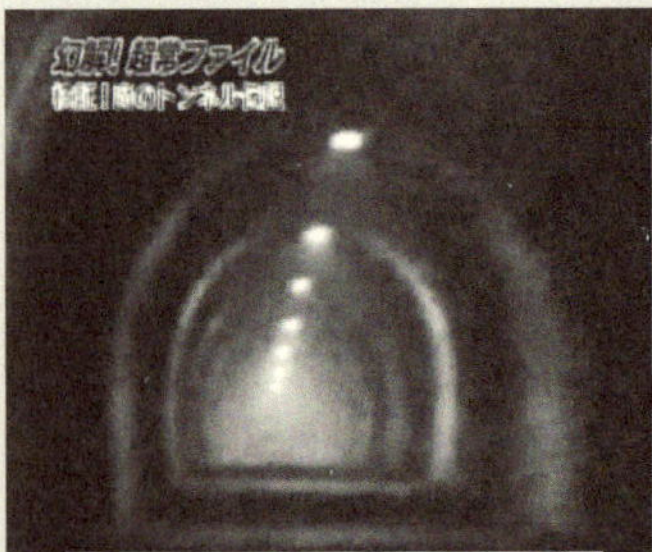

◀ミステリースポットの現場検証を続けているという作家がトンネルの謎を推理する。

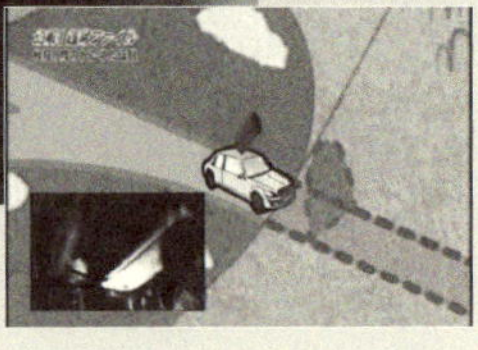

◀ショートアニメで、トンネルの入り口のレンガが落ちたシーンを再現。

▲おどろおどろしいイメージ映像で恐怖を煽る。

「安心しているときこそ、私たちの心は、ちょっとしたことで危うい罠に引っ掛かりやすいんですね」と締めくくる栗山氏。

これは、非常に〝荒《あら》っぽい〟証明だと、私は思います。
その欠けてるところをたまたま見つけたのは、取材としてはよかったと思いますが、普通《ふつう》、人が上にドサッと落ちてきた音と、レンガとか石とかが落ちてきた音との区別がつかないわけがないですよねえ。

武田　違《ちが》いますよね。

栗山千明守護霊　それは違いますよねえ、「質感」がね（笑）。

武田　（笑）

「フェアではない」と感じている「超常《ちょうじょう》ファイル」のシナリオ

斎藤　その番組内では、川端康成《かわばたやすなり》の小説の文章を引っ張ってきては、「それが噂《うわさ》で、だんだん〝尾《お》ひれはひれ〟がついた」とか、「直線で結ばれた三つのトンネルがあって、それらの入り口でレンガが落ちたりした」とか、そういうのがあって。

栗山千明守護霊　途中には「焼き場（火葬場）があったから」とかねえ。

斎藤　そうです。そのようなことばかりを説明されていましたよね（笑）。そして、栗山さんが、それをナビゲートしていましたけども、やはり、守護霊様も、「ちょっと違うな」と思いましたよね？

栗山千明守護霊　いやあ、そらあねえ、分かるんですけど……。例えば、この世的な説明をすると、やはり、「幽霊トンネルみたいなのがある」っていうようなことを役所が認めるわけにはいかないですし、なかには、住民感情として、焼き場なんかがあるのを怖がってたりすると、その反対運動、撤去《てっきょ》運動みたいなのと（幽霊話が）連動してる可能性もありますからねえ。それはいろいろあるし、暗い時代、昔の時代ほど、そういう話は多いんでしょうけどもね。

実際、事故とかもいっぱい起きてるからね。「幽霊が出るんじゃないか」と、みんなが思ってたら、それらしきものを見るっていうのはあるから。人が夜中に（道を）

渡《わた》っても、本当に人なのか、それとも幽霊なのか、やっぱり、迷うところもありますからねえ。

だから、私的には、うーん、そうですねえ、まあ、若干《じゃっかん》、「フェアではないかなあ」という感じを受けてはいるんです。

結局、誰《だれ》かがいたずらしたか、フェイクか、作り話をしたか、勘違《かんちが》いしたか、ということにして、全部を、「人間の認識の誤《あやま》り」っていうことにしていくんでしょう?

まあ、シナリオを書いてる人か、制作してる人かは知らないけども、「そういう人が信じられないものは、信じられない」っていうことで片付けていらっしゃるんでしょうけど。

どうでしょうかねえ。私なんかは、もう、UFOだってネッシーだって、いたって別に構いやしないんですけど。まあ、「いない」っていう方向で（番組を）つくりたいなら、見つからなければ「いない」ってことでも、別に構わないので。

UFOだって、結局、ロープをつけて引っ張ってくるわけにもいかないから、どうしようもないんですよね。実際、今、空には、いろんなものが飛び交《か》ってますから、それは、見間違《みまちが》いも、かなりの数があるだろうとは思うんですけどもねぇ。

ただ、「ある可能性もないわけではない」とは、やや思ってはいるんですけど、まあ、それを判定したり、言ったりできるほどの立場にはいないので。

## ＮＨＫの内部の葛藤《かっとう》そのものが現れている「超常《ちょうじょう》ファイル」

武田　今、「『いない』という方向でつくりたいんだったら」とおっしゃいましたが、つまり、この番組は、まず、そういう意図があって、一本一本の台本ができているということでしょうか。

栗山千明守護霊　いや、ＮＨＫの内部の葛藤《かっとう》そのものが、ある意味で表れてるんじゃないでしょうかね。

武田　ああ、そうですか。

栗山千明守護霊　いや、私にしては、ちょっと過ぎた言い方になるので、降板《こうばん》させられるといけないから、ちょっと（手を叩《たた》く）、言葉を選ばないといけないんですけど。

武田　（笑）

栗山千明守護霊　だから、何て言いますか、保守系の方々とか、靖国神社《やすくにじんじゃ》に参拝《さんぱい》したがるような方々っていうのは、いちおう、基本的には、「魂《たましい》」とか「供養《くよう》」とかいうものを信じている方々が多いわけで、伝統的な宗教観になじみがある方々ですよね。やっぱり、こういう方々が、「幽霊」だとか、そうした「超《ちょう》自然現象」だとかに理解を示すっていうのは、わりあい、距離《きょり》的には近いんだろうと思うんですよ。

それに対して、左翼《さよく》系の人たちは、唯物論《ゆいぶつろん》的に物事を見ているので、「自然科学で実験できるようなもの以外は信じない」みたいなところがあるんだろうと思うんですよね。

だから、今、ＮＨＫのなかでは、この二つの大きな〝波〟がぶつかっていて、新しい経営体制になってから、（ＮＨＫの内部を）変えさせようとする者と、それを押し返そうとしてる者の〝波〟がぶつかっているような感じがするので、「超常ファイル」自体をどっちに使おうとしているのかは微妙《びみょう》なところです。まあ、裏で考えてる方がいらっしゃるのかもしれないとは思いますが、〝駒《こま》の一つ〟として使われてる私には、ちょっとそこまでは判定できませんけどもね。

ナビゲーターの衣装《いしょう》が「黒」と「白」の二色に分けられている意味

武田　では、その台本はすでに出来上がっていて、それを読み上げるのが、あなたの役割なんでしょうか。

栗山千明守護霊　うーん。

武田　制作過程には、あまり入られていないという……。

栗山千明守護霊　うーん、まあ、基本的には台本を読み上げるということなんでしょうけど、神秘的なファンとか、神秘的なものに関心があるような人とかを引き寄せる役が私で、それと同時に、その謎《なぞ》解きと、それを信じてない人に安心感を与《あた》える役もやるということでございますので。

まあ、フェアにやるなら、「信じる派」と「信じない派」を出してきて、毎回、意見が合わないようにすればフェアになるのかもしれないとは思うんですけどねえ。

斎藤　なるほど。あの黒と白というのは、「信じる派」と「信じない派」をバランスよくやろうとしたということなんですか。

栗山千明守護霊　そうそう。

斎藤　なるほど。

栗山千明守護霊　一人《ひとり》二役《ふたやく》ですよ。

斎藤　非常に「この世的な理由」からだったんですね（笑）。

栗山千明守護霊　ほんとは、双子《ふたご》で、片方は信じて、片方は信じないっていうふうにやったら、「中立」ということにはなりますよね。一人で二役です。

## 神秘現象を「信じる派」と「信じない派」の〝中道《ちゅうどう》〟を狙《ねら》っている

斎藤　公共放送としての立場をわきまえるために黒白にして、「神秘的な自分」と、光を当てたような「科学的な自分」とを、双子のように見せながらやっているというような感じですか。

栗山千明守護霊　まあ、そうです。だから、神秘的なものを信じてる人にとっては、そら、ネッシーだって、UFOだって、幽霊だって、見てみたいじゃないですか。「おお、どんなのかなあ」って思ってるところに、写真とかが映《うつ》ったりすると、見たかったシーンが見えるわけですよね。

そのあとに、それを見て不愉快《ふゆかい》に思って、ちょっと腹が立ってきた人に対して、「この現象は、現代科学の〝光〟により、こういうことだと説明されています」と言えば、「ああ、なるほど、そうだったのかなあ。ネッシーだと思ったやつは波だったのか。鳥の群《む》れだったのか。流木《りゅうぼく》だったのか」とか思ったりする。または、「ネス湖のなかに住んでいるプランクトンの数からして、ネス湖のなかで千キログラム、一トン級の生き物が生きられるのは、せいぜい、一、二匹《ひき》までだ」とか、いろいろ付けると、科学派というか、信じない派のほうの納得《なっとく》がいってスッとする。

それまでに、ネッシー写真とか、「見たぞ、見たぞ」という証言とかをいっぱい見せられていても、最後の〝それ〟によって、そちらのほうの人はすっきりするし、まあ、見たかった人にとっては、ずっといい気分でいたのに、最後で、「うん？（舌打ち）今回も、またこれかあ……」っていう不満がちょっと残るんでしょうけど、でも、続けていろんなものを見せてもらうので、見たことのないものがいっぱい見られることに変わりはないですよね。

だから、NHKが、〝蔵出《くらだ》し〟写真とか、いろいろな情報をいっぱい出してくるっていうのは、かってないことではあるんですよ。（手元の解説本を手に取り）この本にも書いてあると思うんですけど、こういう、「幽霊」から、「ビッグフット」から、「ツチノコ」まで出てくるっていうようなのは、NHKらしくない〝あれ〟ではあるんです。

まあ、それで、ツチノコが出てきても、「それは蛇《へび》の死骸《しがい》だ」っていうことで結論をつけたら、信じてない人にとっては、ホッとするし、ツチノコファンから見れば、「ツチノコを取り上げていた」というところで、ちょっと満足感が得られる。そのへんの、まあ、「中道《ちゅうどう》」って言ったら、逃《に》げになるのかなあ……。そのあたりを狙《ねら》ってるのかと思うんですけどねえ。

## 番組制作時に気にしている二種類の視聴者《しちょうしゃ》への「時間配分」

斎藤　では、「正体を解き明かす」というような、「真実を探究する姿勢」は、あまりないのですね。あくまでも、視聴者《しちょうしゃ》の声を……。

栗山千明守護霊　いやあ、明かしてるつもりでいるかもしれません。制作側は、明かしてるつもりでいるのかもしれませんね。

斎藤　制作側は、明かしているつもりかもしれない？

栗山千明守護霊　放送時間は十九分ぐらいしかなくて短いので、その短時間で見せて〝あれ〟して……。まあ、用心してるっていうことですよね。「時間が短い」っていうことは、かなり用心してる。
　だから、その「時間配分」があるんですよ。「信じる派」が喜ぶ時間数と……。

斎藤　（笑）「信じる派」が喜ぶ時間と、「信じない派」が喜ぶ時間……。

栗山千明守護霊　それと、「信じない派」が納得する時間との時間配分を、いちおう計算してるようなので。

斎藤　なるほど、そういうことで番組をつくっているんですか。全然、真実の追究ではありませんね。

栗山千明守護霊　うーん。だから、それに関しては、民放のほうが、もうちょっとやりやすいかもしれません。民放の場合は、全部つくってしまっても、最後に「これはフィクションでした」ってやったら、それで済むのかもしれませんけどもねえ（笑）。

斎藤　最後のやり方は、テクニックとしてはあっても、やはり、「結論」が間違っている場合には、社会的に責任が生じてきますよね。

栗山千明守護霊　社会的にですかあ。うーん。それは厳しいなあ。

## 番組ナビゲーターにキャスティングされた理由とは

斎藤　こうしたことを、女優であるあなた様に言っても、立場が違うのかもしれませんが、ただやはり、あなた様自身は、先ほど、ご自身でもチラッと〝霊感女優〟と言っていましたとおり、何か神秘的な世界とつながらないと、いろいろな役回りが回ってこないのではないでしょうか。

ですから、実際には、守護霊様は、「霊界《れいかい》」や「あの世の世界」とのつながりが深い方なのではないかと推測されるのですが。

栗山千明守護霊　うーん。

斎藤　そのあたりについてはいかがでしょうか。

栗山千明守護霊　うーん……。

斎藤　語れるところまでで結構なのですが、黒い服がピッタリではありませんか。

栗山千明守護霊　いやあ……。

斎藤　ねえ？

栗山千明守護霊　まあ、ほかの女優さんに置き換《か》えてみたら、ね？　候補はいっぱいあったんだと思うんですよ、たぶんね。

「誰がやったら合うか」っていうことで役を置き換えてみて、いちおう視聴率を取ろうとしたら、やっぱり、「神秘現象に関心を持ってる層」に、多少、チャンネルを合わせさせるっていう意味で取らなきゃいけない面はあるので、私を出すと、そういうのが出てくるかなあと思って観《み》ているんでしょうね。

まあ、〝チャンネル争《あらそ》い〟がありますからね、お茶の間《ま》でねえ。見たい人と見たくない人とがあるから、最後には、両方が「そうかねえ」「どうかねえ」っていうクエスチョンが残って、議論が続くぐらいのところを狙ってる。まだ議論が続くということは、「番組が終わらない」ということでもあるのでね。

うーん……。でも、「報道の自由」とかが「表現の自由」のなかに入っているから、それはしかたがなくて。

これが嫌《いや》だったら、他局で、その反対番組をやったらいいと思うんですよ。夏になったら、普通、やるじゃないですか。幽霊とか怪奇《かいき》現象とかの番組をやって、ビートたけしさんなんかも平気で出てきて、司会をしてるじゃないですか。ねえ？　まあ、対抗《たいこう》番組は、ほかの民放のほうでやってくれますから、おやりになったらいいんだと思うんですよね。

私たちは、公共料金を取って、ギリギリいけるあたりの線を狙って、〝ストライクゾーン〟をどこまで認めるかっていうところですのでねえ。

## ほかの女優とは違《ちが》ったオーラを放っている栗山千明

武田　ある「鋭《するど》い評価」をする方がおっしゃっていたのですが、「栗山さんは、非常にオーラが出ている」というお話がありまして、同世代のほかのアイドルや女優の方とは違《ちが》うオーラが、画面から伝わってくるというお話も聞いたことがあるんです。

栗山千明守護霊　〝黒い〟オーラですか。

武田　いや、まあ（会場笑）、私が見ると……。

斎藤　ほめ言葉として、素直《すなお》にお受けください（笑）。

栗山千明守護霊　うーん。

武田　このあたりについて、何か霊的な秘密はあるのでしょうか。

栗山千明守護霊　（ため息）いやあ……。

武田　本人が演技しているときには、どうなっているのでしょうか。

栗山千明守護霊　（ため息）……まあ、映画ではないので（笑）。

武田　ええ。

栗山千明守護霊　ドキュメンタリータッチの番組ではありますので、いやあ……、参ったなあ。

でも、どうせなら、もうちょっとフィクションっぽく、つくってもよかったんですけどねえ。シャーロック・ホームズとワトソンみたいな掛《か》け合いでやってもいいんですが、一人でやってて、二重人格を演じてるのでね。だから、私が二重人格を演じてること自体が、一つのフィクション性に見せてるところではあるんですけどもねえ。

●シャーロック・ホームズとワトソン　イギリスの推理小説家、コナン・ドイルが生み出した名探偵と、その助手役を務める医者の友人（本書P.257参照）。

まあ、「オーラが出ている」ということを、本当にありがたがっていいのかどうかは分からないんですが、うーん。

## 日和見《ひよりみ》のＮＨＫは「批判されないこと」に腐心《ふしん》している

栗山千明守護霊　ＮＨＫ自体は日和見《ひよりみ》だと思うんですが。

武田　はい。日和見してますね。

栗山千明守護霊　はっきり言って、非常に日和見してます。日和見だと思います。もう、あらゆるところに、ちょっとずつ、〝いい顔〟をしてる感じで、全部（の支持）は、どこからも取れないでいるような状態かと思います。

「批判」がいちばん怖いので、そこは役所と一緒だと思うんですよね。それで、やっぱり、「批判されないようにつくる」っていうことに腐心《ふしん》していると思うんです。

でも、ディレクターの方が、あれをやりたいっていうことは、関心があるということですよね。それだけの資料とか、写真とか、映像とかも、いっぱい見てつくってるわけだから。普通のサラリーマンだったら、そんなものは、もう見たくはないですよね。

武田　ないですね。

栗山千明守護霊　仕事時間中に、幽霊の写真をいっぱい見たりとか、あるいは、「幽霊トンネル」の現場検証だとか、そんなにしたくはないでしょうけど（笑）、それをしたいということ自体、本人自身がビクビクしながらも、「違うということを証明してホッとしたい」というような、そんな気持ちなんでしょう。

「惹《ひ》かれるけど（結論は）違うってことにしたい」っていうふうなあたりにあるんじゃないでしょうかねえ。その〝お悟《さと》り〟の立場がね。

## 「前半で〝催眠《さいみん》〟をかけて、後半で解《と》く」という番組構成

武田　そういうお話は、ディレクターから直接あったのですか。

栗山千明守護霊　うーん。まあ、それは、ちょっと〝企業《きぎょう》秘密〟なので、明確なこと

は申し上げられない。責任があるので、ちょっと申し上げられないんですが。私のほうは、振《ふ》り付けられたとおりのことをやってるだけですので。それらしく見えるようにやってるだけのことなんでね。

最初の前半のほうは、信じる側に立って、いかにも「信じさせたそう」な演技をして、後半のほうでは、「自然科学の明るい光のもとに、こういうものはないんだ」みたいな感じの演技で安心させて、日常生活に帰っていけるようにするっていう、なんか、「〝催眠《さいみん》〟をかけて、その〝催眠〟を解《と》く」っていうの？　前半で〝催眠〟をかけて、後半で〝催眠〟を解くっていうふうな、そんな感じなんですよね。

武田　では、「〝催眠〟を解く」ということは、「超常現象は、科学的にはなかったんだ」ということを最後に見せるということですね。

栗山千明守護霊　いや、普通の世界に戻《もど》るだけのことですから。でも、まあ、一部は、印象としての〝刷り込《こ》み〟が入りますよねえ。

うーん、いや、厳しいなあ……。ここ、厳しいなあ。

「厳しいなあ」って言っても、私も守護霊だから、霊があることぐらい百パーセント知ってるから。

武田　（笑）そうですよ。

斎藤　そうですよねえ。あなた様は霊なんですから。

栗山千明守護霊　だから、厳しいのよ。厳しいのよねえ。

斎藤　ええ。

栗山千明守護霊　でも、それを認めたら、番組が成り立たないじゃないですか。

武田　本当は、幽霊だって視《み》えるわけですよね。

栗山千明守護霊　ああ、視えますよ。そういうことは当たり前ですよ。

## 番組の内容に合わせてテレビ局に寄ってくる幽霊《ゆうれい》たち

斎藤　ところで、テレビ局には、たくさん霊《れい》がいますか。ちょっと下世話《げせわ》な話ですみませんけれども、興味津々《きょうみしんしん》なんです。

栗山千明守護霊　いや、ほかの会社と比べて多いか少ないかは、それは（笑）、ちょっと分からないです。それは研究してないので、ちょっと分かりませんが。

武田　では、NHKでは視たことがありますか。

栗山千明守護霊　ええ？

武田　何度か通われていると思いますが。

栗山千明守護霊　そりゃあ、あのへんは昔から多いでしょうよ。

武田　いますよね。

栗山千明守護霊　うん。そりゃそうでしょうよ。

武田　例えば、どんな幽霊《ゆうれい》を視ました？

栗山千明守護霊　どんな幽霊って、そりゃあ、番組をつくるときに寄ってくるものも多いんじゃないですか、やっぱり。

## 実は、いろいろな怪奇《かいき》現象が起こっている撮影《さつえい》の現場

武田　ああ、番組の内容に応じて、幽霊が来るのですか。

栗山千明守護霊　うん。それは、明治維新《いしん》なら明治維新で、「『池田屋《いけだや》事件の斬《き》り込

●池田屋事件　1864年、京都の旅館・池田屋に潜伏していた長州・土佐藩の志士を、近藤勇や沖田総司らの新撰組が襲撃した事件。

み』とかの場面をやったら、そのころに死んだ人の幽霊とかがやってくる」とか、そういうことはあるんじゃないですかねえ。

斎藤　それは、地上に現れて、栗山さん自身に近づいてきたりとか、影響《えいきょう》を与えたりとか……。

栗山千明守護霊　いやいや。それは、スタジオが違えば、そういうことは、あんまりありませんけど……。まあ、「幽霊もの」なんかを撮《と》っていると、ライトが消えたり、トラブルが発生したり、いろいろなことが起き始めるっていうことは、昔から、よくありますので。

竹内　本当は、起きているのですね？

栗山千明守護霊　それは、どこだって起きてますよ。民放でも、ＮＨＫでも……。

竹内　やはり、それは番組ではカットされているのですか。

栗山千明守護霊　そんなもの、流せるわけないでしょう。

斎藤　「そういうことがある」とは、まったく、かけらも聞こえてきませんよ。

栗山千明守護霊　いや、「撮影《さつえい》の途中で、こんなことが起きた」なんていうのを流したら、やっぱり、ちょっと……。

竹内　本当は、取材班として行った人のなかで、倒《たお》れた人などもいるのではないですか。

栗山千明守護霊　（笑）「呪《のろ》いを受けた」みたいな感じに放送するわけにはいかないですから、「水が合わなかった」とか、「ご飯が合わなかった」とか、「疲《つか》れていた」とか、「夜が眠《ねむ》れなかった」とか、まあ、いろいろな理由がありますので……。だから、否定する立場にしておいたほうが、健康上はいいんですよ。

信じる立場に立ったら、番組でやったやつが、ずっとついてくるんですよねえ。あとあとまで引っ張ってくるから、それを否定しておいたほうが、次の番組はつくりやすいんですよねえ。

斎藤　ああ、なるほど。

では、ご自身のなかで、そういう矛盾《むじゅん》を、どのように昇華《しょうか》しているのですか。「そういう役柄《やくがら》」として、割り切っているのでしょうか。

栗山千明守護霊　そりゃあ……。

斎藤　「本当はあるけれども、『ないものは、ない』と言ってしまおう」というような、そういう心で……。

栗山千明守護霊　そりゃあ、どうとでも使えると思うんですよ。

例えば、私は、「〝貞子《さだこ》3D《スリーディー》の続編〟に出てこい」と言われれば出られるんですが、

●「貞子３Ｄ」　「見た者を呪い殺す」という映像をめぐるホラー小説『リング』シリーズの一作『エス』の映画化作品（2012年公開）。本作品の続編として、「貞子３Ｄ２」（2013年公開）もある。

それに出るより、ああいう、いい時間帯の番組に出るほうが、役者としては、やや格が上がったように見えるじゃないですか。

それに、幽霊役をやった人って、そのあと、しばらく使えないんですよ。イメージが悪いし、怖くて、コマーシャルにも使えないしねえ。だから……。

斎藤　黒木瞳《くろきひとみ》さんなども、映画「怪談《かいだん》」で幽霊役で出たりしていましたよ。

栗山千明守護霊　あれは、（幽霊のイメージを）〝落とす〟のに、ちょっと時間がかかってるんじゃないですか。やっぱり、しばらく、みんな怖いですからね。怖いことは怖いですから……。

ただ、「怖いのを知りつつ見にいっている人を、怖がらせる」っていうのは、なかなか大変な演技ですよね。

映画「怪談」の幽霊について言及されている『ハウ・アバウト・ユー？』（幸福の科学出版）

## 5 栗山千明の「過去世《かこぜ》」はどんな職業？

### 女優・栗山千明の「霊的《れいてき》パワーの秘密」に迫《せま》る

竹内　栗山さんの能力の秘密に迫《せま》っていきたいのですが……。

栗山千明守護霊　能力？

竹内　ご自身では、女優をやっている理由について、「変身できるから」とおっしゃっています。

これまでに演じている役というのは、怖《こわ》い役であるとか、孤独《こどく》な少女の役が多いのですけれども、普段《ふだん》の素《す》の彼女は、まあ、守護霊様もそうですが、明るい性格であると聞いています。

ということは、やはり、役を演じるなかで、そうとう「変身」をしているのだと思います。

私たちは、今までに、いろいろな芸能人の方を調べているのですが、みんな、この世の能力ではなくて、何かしらの霊界《れいかい》からの力を引いてきているようです。「変身術」や「神を宿《やど》す力」など、いろいろなタイプの方がいたのですが、栗山さんは、「変身をするために女優をやっている」と言っているぐらいですので、変身をするために、どういう能力、つまり、霊的なパワーを使っているのでしょうか。

栗山千明守護霊　厳しいところに迫ってきつつありますねえ。「どこの住人か」を調べようとしているんでしょう?

竹内　いえ……（笑）（会場笑）。

斎藤　いやいや、栗山さんには、番組について責任がありますから。ナビゲーターですからねえ。

竹内　変身というと、やはり、「魔法《まほう》」とか、「陰陽師《おんみょうじ》」とかが出てくると思うのですけれども……。

栗山千明守護霊　うーん……。いやあ、厳しいね。ここはつらいねえ。光が強いですねえ。

斎藤　先ほど、栗山さんは、「式神《しきがみ》」についておっしゃっていましたよね？

武田　そうですね。

栗山千明守護霊　ここは、光が強いから、〝お白州《しらす》〟なんですよねえ。いやねえ。

武田　式神を使う側なのですか。式神との関係は、どういうご関係ですか。

栗山千明守護霊　（苦笑）参《まい》ったなあ。番組が成り立たないじゃないの。

斎藤　いや、大丈夫《だいじょうぶ》です。楽になったほうが、心がサッパリして、絶対、演技がよくなります。

武田　とりあえず、NHKのことは、横に置いておきましょう。今は、栗山さんご自身のことについて伺《うかが》っていますので……。

栗山千明守護霊　いやあ、生きてる栗山本人と守護霊とは、いちおう立場が違《ちが》いますので……。

武田　そうですね。

栗山千明守護霊　心理学的には、私（守護霊）は、「潜在《せんざい》意識」といわれている存在であって、必ずしも、表面意識と一緒《いっしょ》とは限らないですからねえ。

斎藤　ええ。潜在意識ですから、「同じであり、違う」ということです。

栗山千明守護霊　ただ……。もう、〝きつい〟なあ。あなたがたは〝怖い〟なあ。

斎藤　いや。栗山さんの魅力《みりょく》は、すごい力ですよ。グワーッと持っていかれてしまうような、ものすごい雰囲気《ふんいき》が出ていますよ。

竹内　何らかのパワーがあると思うのですけれども……。

栗山千明守護霊　（苦笑）魔女だって言わせたいわけ？

斎藤　（笑）いえいえ。誰《だれ》も、そんなことは思っていません。

栗山千明守護霊　ええ？

斎藤　まあ、思っている人もいるかもしれませんが、分かりません（笑）。

栗山千明守護霊　ほんとは、魔女だって言わせたいんでしょ？

**榊《さかき》を持ち、巫女《みこ》の格好をしている栗山千明守護霊**

竹内　〝道具〟は使いますか。何か、法具《ほうぐ》のようなものは……。

栗山千明守護霊　参ったなあ（笑）。参ったなあ（胸のあたりで、一瞬《いっしゅん》、拳《こぶし》を握《にぎ》るようなしぐさをする）。

武田　では、見た目などは……。

栗山千明守護霊　え？

斎藤　（しぐさを見て）あ！　何か握っていますよ。

●法具　宗教的儀式を執り行う際に使われる特別な道具や装身具のこと。

武田　あ、握っていますね。

斎藤　何か握っていますね。ほら！　今、握った！（会場笑）

栗山千明守護霊　何、言って……。

斎藤　見た！　私は見ました。

栗山千明守護霊　いや、あの……（笑）。

斎藤　約一秒ですが、私は、これを見逃《みのが》しませんでした。

栗山千明守護霊　アハッアハッアハッ。（両手で榊《さかき》を持ち左右に振《ふ》るしぐさをしながら）これは、お祓《はら》いの「これ」です。

武田　お祓いの？

斎藤　ああ、お祓い？

栗山千明守護霊　ええ、榊《さかき》です。

斎藤　榊を持っている？　つまり、あなたは、神道《しんとう》系ということですか。

栗山千明守護霊　ええ、そうです。

武田　服装は？

栗山千明守護霊　だから、巫女《みこ》さんの服です。

榊を捧げ持つ巫女

武田　巫女さんが着ている、あの白い？

栗山千明守護霊　はい。

斎藤　あら？　すみません。「黒が似合う」などと言ってしまって（笑）。でも、〝第一段階〟では白？

栗山千明守護霊　ええ。格好は巫女さんです。私、守護霊のほうはね。

斎藤　守護霊は、巫女さんなのですね。

栗山千明守護霊　はい。巫女さんです。はい！　そのとおりです。

## 映画「鴨川《かもがわ》ホルモー」に出演したのは、過去世《かこぜ》のご縁《えん》？

斎藤　どんな巫女さんなのですか。

栗山千明守護霊　（舌打ち）ここは、追及《ついきゅう》が厳しいなあ。

竹内　変身と、どうつながるのでしょうか。

栗山千明守護霊　はあ、はあ（息を切らせて）。そろそろディレクターに替《か》わってもらわないと……。

斎藤　いえ、大丈夫です。これは、番組を左右する重要な力になります。

栗山千明守護霊　え？

斎藤　より視聴率《しちょうりつ》も上がりますから……。

竹内　この巫女のところと「変身」とは、どうつながっていくのですか。

栗山千明守護霊　うーん、まあ……、やっぱり、賀茂《かも》神社で……。

斎藤　賀茂神社!?

武田　おお。

斎藤　賀茂神社ですか。

栗山千明守護霊　ええ。賀茂神社で、ちょっとお勤めしていたことがあるので、まあ、だから、「鴨川《かもがわ》ホルモー」も、確かに、ご縁《えん》があった映画ではあるんですけども……。

武田　京都の賀茂神社ですね？

栗山千明守護霊　そうです。

武田　「上賀茂《かみがも》（賀茂別雷《わけいかづち》神社）」と「下《しも》賀茂（賀茂御祖《みおや》神社・通称《つうしょう》下鴨《しもがも》神社）」がありますけれども、どちらなのですか。

栗山千明守護霊　うーん、下鴨かなあ（注。下鴨神社の巫女だと思われるが、何家かは不明）。

武田・斎藤　下鴨神社。

栗山千明守護霊　うーん。

斎藤　はあ。

## 過去世では、「神主《かんぬし》のアシスタント」を仕事としていた

武田　時代は、いつごろのことですか。

栗山千明守護霊　もう、許してえ。

武田・斎藤　いえいえ。

栗山千明守護霊　許して、許して。

斎藤　ここで打ち切るわけにはいきません。それは、もう無理です。

栗山千明守護霊　うーん……、つらいなあ。まあ、今だって、やってますからね。いまだに、儀式《ぎしき》としては続いていますので。

だから、どこまで……。

武田　それは、最近ですか。それとも……。

栗山千明守護霊　いや、最近っていうことはないと思いますが……。

武田　平安時代とか？

栗山千明守護霊　え？　そんなに古くまでは遡《さかのぼ》らないと思います。

斎藤　では、鎌倉《かまくら》時代や室町《むろまち》時代？

栗山千明守護霊　いや、私は、そんなに、ずっとずっと古い人間ではありませんが、神社は、ずっと続いていますので……。

まあ、最初のころの〝あれ〟っていうわけではない者ですけども……。

武田　では、霊感や霊力というものは、おありなのでしょうか。

栗山千明守護霊　ああ、もう許して。もう駄目《だめ》だわ。

斎藤　霊力がないと、あれだけの「引き込《こ》む魅力《みりょく》」を形成することは不可能ですよ。

栗山千明守護霊　だから、主としてそれは神主《かんぬし》や禰宜《ねぎ》の仕事なので。私たちは、お手伝い、アシスタントだから、それほど、直接、霊力が要《い》る必要はないんだけども……。御札《おふだ》を書いたり、多少、代わりにお祓いをしたり、祝詞《のりと》を上げたりすることはあることはありますけども、まあ、あくまでも助手ですので……。そんな、〝あれ〟ではないんですけどねえ。

いや、参ったなあ。参った、参った……。

## 演技をする地上の本人を助けているのは「妖怪《ようかい》」？

武田　彼女が女優として演技をするときに、どんな力を授《さず》けていらっしゃるのですか。

●禰宜　神職の一つで、宮司を補佐する者。祭祀において重要な役割を果たす。

栗山千明守護霊　だから、それは、関係のある者を呼び寄せている……。

武田　呼び寄せるのですか。

栗山千明守護霊　うんうん。

斎藤　日本神道《しんとう》系の神々様の一柱《いっちゅう》なのでしょうか。

栗山千明守護霊　日本神道系には、明るい神様もいれば、「鬼《おに》」とか、「魔物」とか、「妖怪《ようかい》」とかに近い者も、たくさんいます。

日本神道にも、いろいろなものがたくさんいるし、「動物霊」も、かなりいますからねえ。

そういうものが、必要に応じて呼び寄せられますよねえ。

武田　例えば、ＮＨＫの番組で、「黒の役」と「白の役」をするときには、何か呼び寄せているのですか。

栗山千明守護霊　それは、あの程度、演技でやれますから、別に、呼び寄せてるわけではありませんが……。

（質問者に）魔女って言わせたくて困ってるんじゃない？

武田　いえいえいえいえ。そんなことはありません。白紙の目で……。

斎藤　「妖怪大戦争」のときには、アイスクリームのような髪型《かみがた》をした「鳥刺《とりさ》し妖《よう》女《じょ》・アギ」の役をされていて、あのときも、迫真《はくしん》の演技でしたけれども、妖怪なども呼んだりする力があるのですか。

栗山千明守護霊　いやあ、よく……、〝ペット〟として飼ってますよ。

斎藤　〝ペット〟として飼っている？　何を飼っているのですか。

栗山千明守護霊　いろいろな「妖怪」とか……。

斎藤　いろいろな妖怪を飼っている？

栗山千明守護霊　うん。

斎藤　はあ。

武田　せっかくですから、面白《おもしろ》いものをご紹介《しょうかい》いただけませんか（会場笑）。

斎藤　われわれも、映画をつくっていますし、この方（竹内）は、その仕事を支えておられますので……。

栗山千明守護霊　ああ、駄目です。それは駄目です。NHKが〝壊《こわ》れる〟から駄目……。

斎藤　妖怪は、「悪いやつ」ではないのですか。

栗山千明守護霊　●水木《みずき》しげるさんの世界ですよね。まあ、言わばね。

武田　なるほど。

斎藤　やはり、「妖怪界」というか、そういう、「妖怪の世界」があるのですか。

栗山千明守護霊　あります。

斎藤　そちらに、〝ご所属〟になっているのでしょうか。

●水木しげる（1922〜）漫画家。『ゲゲゲの鬼太郎』『河童の三平』『悪魔くん』等、妖怪漫画の第一人者。

栗山千明守護霊　うーん。ですから、陰陽師なんかの調伏《ちょうぶく》も、そういうものがけっこう多かったので。

つまり、単なる不成仏霊《ふじょうぶつ》ではなくて、うーん……、何て言うかねえ、ぶどう汁《じる》がワインに変わるように、死んだ人間が、さらに〝熟成《じゅくせい》〟されて、妖怪になっていくようなところがありますから。そういう、ちょっと、〝専門性を持った幽霊〟になってきた場合は……。

斎藤　専門性を持った幽霊ですか？

栗山千明守護霊　ええ。妖怪と変わらない……。

斎藤　すごい世界ですねえ。

栗山千明守護霊　そういうものを祓《はら》う呪術《じゅじゅつ》も、陰陽師《おんみょうじ》には要るんですよねえ。

## 6　現代ではどんな「魔術《まじゅつ》」を使っている？

### 「白」と「黒」を演じ分けることができる理由

竹内　あなたは、映画「キル・ビル」で、ユマ・サーマンという方と、すごく激しい戦闘《せんとう》シーンをされたのが有名で、「ベスト・ファイト賞」という賞を受賞していると思うのですが、あれも、そういった妖怪《ようかい》のような力を使ってやっているのですか。

栗山千明守護霊　（苦笑）

竹内　「バトル・ロワイアル」の演技からハリウッドへ抜擢《ばってき》されたのですが、あそこで使っていた力も、この力なのですか。

●「キル・ビル」　アメリカのバイオレンス・アクション映画（2003年公開）。かつてのボス、ビルに襲撃され、すべてを失った最強の女暗殺者の復讐を描く。
●「バトル・ロワイアル」　日本のバイオレンス・アクション映画（2000年公開）。国家の法律に基づき、中学生同士が脱出不可能な無人島で殺し合いを強いられる。

栗山千明守護霊　エッヘへ……。それは、身体能力もございますのでね。そういう、スポーティーな演技ができる女優も目指してはいますから、「そういうほうも、できればやりたいな」とは思っています。

だから、妖怪が助けてやっているっていうのは、ちょっと……（苦笑）。

斎藤　そういう力というのは、やはり、「聖なる力」がないと、妖怪が言うことをきかない可能性があるではありませんか。

ですから、中心には、「信仰《しんこう》」や「透明《とうめい》な心」で、神から霊流《れいりゅう》を引いてくるような、そうしたお力をお持ちだと思われるのですけれども……。

栗山千明守護霊　アクション系だったらねえ、「インディ・ジョーンズ」みたいな、ああいう系統のものなんかに出たい気持ちはありますよね。

ああいう、アクションもたくさんあるんだけど、「神秘的な、古代の何かを発掘《はっくつ》する」という感じのものと連結していると、自分の〝持ち味〟が活《い》かせそうな感じが、あることはありますよねえ。

斎藤　過去世《かこぜ》で白魔術《しろまじゅつ》か何かをやっていたことがあるのではないですか。

栗山千明守護霊　うーん……。

斎藤　「インディ・ジョーンズ」のような冒険ヒーロータイプは、〝白魔術的〟なほうの感じがします。黒ではなくて、白いほう、明るいほうの世界で、とてもすごいお力が……。

栗山千明守護霊　誘導尋問《ゆうどうじんもん》なさってるんでしょうけど……。

斎藤　いやいやいやいやいや。でも、そういう感じはありませんか。

「インディ・ジョーンズ」シリーズ
考古学者のインディアナ・ジョーンズの冒険を描くアドベンチャー映画。第4作まで公開（1981～）。

栗山千明守護霊　巫女《みこ》さん以外のを調べようとしてるんですか。

斎藤　いえいえ。「そういうお力もあるのかなあ」と思って……。

栗山千明守護霊　うーん。

斎藤　以前（二〇一四年四月三十日）、大川隆法総裁が、「幻解《げんかい》ファイル＝限界ファウル『それでも超常《ちょうじょう》現象は存在する』――ＮＨＫへのご進講②――」と題してリーディングを行われた際、「白魔術的な力を持っていて、ディズニーランド的な、明るい世界、魅力《みりょく》的な世界に足場を置いている」ということが判明した対象者もいましたので……。

栗山千明守護霊　いや、あのね、白魔術師だと、例の「黒い衣装《いしょう》」を着た、魔女のような格好をして出てくる役ができないんですよね。

武田　なるほど。

栗山千明守護霊　ええ。〝あれ〟ができないんですよ。

武田　できないのですか。

栗山千明守護霊　そういうキャラの人は、あれができないんですよね。

武田　では、「少し違《ちが》う」ということなのですね？

栗山千明守護霊　だから、まあ、白魔術じゃないほうの……。

斎藤　えっ！

栗山千明守護霊　「呪《のろ》いをかけるほうもできる」というほうですねえ。

斎藤　（驚いて）ええっ！　ちょっ、ちょっと……。「黒（魔術）」ということですか。

栗山千明守護霊　そういう、賀茂《かも》神社のは、別に、「白、黒」っていうほどの〝あれ〟じゃなくて、中間帯ですよね？

武田　うーん。

栗山千明守護霊　ああいう、陰陽師《おんみょうじ》の神社の巫女だとね。「中間帯」ですよね。どっちにもいくからね。中間で、「灰色」ですよね。だけど、（自分の過去世《かこぜ》に）「黒」も、いることはいますねえ（注。これは栗山千明守護霊、個人の認識であり、賀茂神社全体の霊的あり方が「灰色」的存在であったり、「暗黒」方向とつながる神社であるということではない）。

## 栗山千明守護霊が持つ「三つの魔術《まじゅつ》」とは

武田　それは、西洋ということですか。

栗山千明守護霊　西洋ですねえ。

武田　ヨーロッパ北部の「ゲルマン」のほうの、でしょうか。

栗山千明守護霊　まあ、中世には、まだまだ、けっこういましたからね。

斎藤　「●魔法界《まほうかい》」ということですか。

栗山千明守護霊　まあ、そういうことになりますねえ。

斎藤　魔法界でも、知識がないと、なかなか〝お勤《つと》め〟になれないと思うのですけれ

●**魔法界**　魔法や幻術を研究する魔法使いなどの霊人たちが住む、西洋における仙人界。霊界のなかでは裏側世界に当たる。

ども……。

栗山千明守護霊　「呪術《じゅじゅつ》」を使えないといけないけど……。ただ、医者ができる前は、みんな、魔法使いが治してたので……。

斎藤　そうですね。医者の代わりをしていましたからねえ。魔法界のほうにも、そういう、ダークな映画のようなものとは違う流れがありますけれども……。

栗山千明守護霊　私は、そういう「病気治し」とかが得意な魔法使いではないですけどねえ。

斎藤　何をされていたのですか。

栗山千明守護霊　どっちかというと、例えば、あなた（斎藤）みたいな人を、呪い殺したりするのを請《う》け負《お》うというような……（笑）。

斎藤　なんで、そんな！（会場笑）また、そんな、ちょっと、やめてください（苦笑）。

武田　そういうふうに言われるケースが多いですね（苦笑）。

斎藤　それは、遠慮《えんりょ》させていただきます（苦笑）。でも、そういう〝あれ〟ですか。

栗山千明守護霊　やっぱり、「呪殺《じゅさつ》」のニーズがいちばん高いんですよ。

斎藤　ニーズがあるのですか。

栗山千明守護霊　うん。請《う》け負う場合、これが、いちばん値段が高いので。

斎藤　時《とき》の権力者か何かからお願いされるのですか。

栗山千明守護霊　死ぬかどうか、結果がはっきり分かりますでしょ。だから、一番人気は「呪殺」、つまり、相手を呪い殺す。これの値段がいちばん高い（笑）。

二番人気は、「病気にする」っていうところで……。

斎藤　治すのではなくて、病気にするのですか。

栗山千明守護霊　うん。呪殺をする前に、まず、病気にして倒《たお》す。要するに、「仕事ができないレベルにして寝込《ねこ》ませる」っていうのが、二番人気ですね。

これが叶《かな》わない場合は、相手が強い場合です。この場合は、相手が失うといちばん困る人、つまり、愛する人ですね。夫婦《ふうふ》の片方とか、子供とか、婚約者《こんやくしゃ》とか、そういうのがいるでしょう？　お父さんだとか、お母さんだとか……。

こういう「相手が愛してて、失いたくない人を倒す」っていうのが、三番人気の魔術なんですよ。

斎藤　（苦笑）そうとうな〝技《わざ》〟ですねえ。

竹内　それは、どこから引いてくる力なのですか。

巫女《みこ》の前の転生《てんしょう》は、「箒《ほうき》で空を飛ぶ魔女《まじょ》」

栗山千明守護霊　それは、根源的なものなので……。

竹内　根源というのは、どこですか。

栗山千明守護霊　だから、昔、箒《ほうき》に乗って飛んでたのよ！　もう、言わせないでよ！

斎藤　ああ。箒に乗っていたのですか。

栗山千明守護霊　ええ。巫女《みこ》のまた昔ね。

斎藤　へえー。本当に、箒で飛べたのですか。

栗山千明守護霊　飛べるわよ。

斎藤　まさかあ！

栗山千明守護霊　飛べて飛べて。

竹内　少し話し方が変わりました（笑）（会場笑）。

斎藤　何か、雰囲気《ふんいき》がガラッと変わって、〝自由な心〟になられたような……。

栗山千明守護霊　ああ、もう、だいぶ、やけになってきたのよ。

斎藤　（笑）本当に、空を飛べるのですか。

栗山千明守護霊　飛べて、飛べて！

斎藤　本当ですか？　少しだけ懐疑《かいぎ》的になってきてしまって……。すみません（苦笑）。

竹内　今も、ＮＨＫで、その能力を使われているのでしょうか。

栗山千明守護霊　ええ？　ＮＨＫ？

竹内　「幻解！超常ファイル」の番組では……。

栗山千明守護霊　ＮＨＫでは、空は飛べないよ。

竹内　いや、そういった魔法界のパワーを、どう使われているのですか。

栗山千明守護霊　それは、「視聴率《しちょうりつ》を上げる」のに使ってるだけで……。

竹内　視聴率を上げる？

斎藤　これは、どちらのほうで使うのですか。「超常現象があるか、ないか」だったら……。

栗山千明守護霊　どっちでもいいのよ、それは。

斎藤　視聴率を上げるためだけに使っている？

栗山千明守護霊　うん、うん。

## 栗山千明守護霊は、「番組の結論」をどう思っているのか

栗山千明守護霊　本能的には、みんなねえ、皮一枚だけで覆《おお》ってるけど、その下側は霊体《れいたい》だからねえ。

武田　ええ。

栗山千明守護霊　だから、分からないわけではないから。それを、信じられないだけで、分からないわけではないのでね。

あなたがたは「説教」だけで人を導こうとしてるけど、それでは分からない人に対しては、「超常現象」みたいなものが、非常に分かりやすい〝突破口《とっぱこう》〟になるわけですよね。それを知らしめるのにね。

そういう意味で役に立ってる面もあるじゃないですか。

要するに、ああやって、最後に、何だかんだと否定したコメントがあったとしても、映像とか、いろいろなシーンとかを見てきたから、その存在を知ってしまうでしょ。

「わあ、幽霊《ゆうれい》みたいなのがいるんだ」とか、「うわっ、ネッシーはいるんだ」とか、「こんなところで怪奇《かいき》現象が起きて、空から石なんかが降《ふ》ってきたりしたんだ」とか、そういうのがたくさん出てきたら、そちらのほうが印象として残って、あとで、何だかんだとコメントしたり、否定したりしたほうは（印象が）薄《うす》れていくところがあるじゃないですか。

これだって、ある意味では、真実を伝えてるわけだから……。

武田　でも、そういった認識やお力を持たれている栗山さんですから、ＮＨＫの番組の結論というのは、本音では、「ちゃんちゃらおかしい」と感じてはいませんか。

栗山千明守護霊　魔法使いが現代で飯《めし》を食っていくには、こういう方法しかないでしょう。

武田　では、「しかたがない」と？

栗山千明守護霊　だって、魔法使いを雇《やと》ってくれてるんですから、ありがたいですよね。

箒《ほうき》を持っていても、今は、スタジオを掃除《そうじ》するぐらいしかないですからねえ（会場笑）。

武田　（笑）分かりました。

では、次の方もいらっしゃるので……。

栗山千明守護霊　いいですか。

武田　（他の質問者に）このあたりでよろしいでしょうか。

斎藤　はい。

栗山千明守護霊　ありがとうございました。

武田　今日は、本当にありがとうございました。

栗山千明守護霊　（このへんで）許していただきまして、ありがとうございました。

大川隆法　（手を二回叩《たた》く）はい、正体が出ました。「下鴨《しもがも》神社の巫女さんや、西洋のほうの魔法使いさんだったらしい」ということが分かりました。

ある意味では、多くの人の見る目や印象は正しいということです。

武田　そうですね。

大川隆法　正体が出ましたね。

# 第2章

# NHKエンタープライズ情報文化番組
# エグゼクティブ・プロデューサー
# 渡辺圭《わたなべけい》の守護霊《しゅごれい》インタビュー

二〇一四年六月四日　収録

東京都・幸福の科学　教祖殿《きょうそでん》　大悟館《たいごかん》にて

渡辺圭《わたなべけい》（一九六六～）

ＮＨＫプロデューサー。愛媛《えひめ》県出身。慶応義塾《けいおうぎじゅく》大学文学部卒。中学時代、司馬《しば》遼太郎《りょうたろう》の『竜馬《りょうま》がゆく』に影響《えいきょう》され、大の歴史好きとなり、大学では史学を専攻《せんこう》。ＮＨＫ入局後は、歴史教養番組の制作を中心に、これまでに、「その時歴史が動いた」「歴史秘話ヒストリア」「ＢＳ歴史館」などの番組を手がける。

質問者　※質問順

武田亮《たけだりょう》（幸福の科学副理事長 兼《けん》 宗務《しゅうむ》本部長）

斎藤哲秀《さいとうてっしゅう》（幸福の科学編集系統括《とうかつ》担当専務理事）

竹内久顕《たけうちひさあき》（幸福の科学宗務本部第二秘書局局長代理）

酒井太守《さかいたいしゅ》（幸福の科学宗務本部担当理事長特別補佐《ほさ》）

［役職は収録時点のもの］

## 1　強力に〝牽引《けんいん》〟されて登場した渡辺圭《わたなべけい》氏の守護霊《しゅごれい》

### 招霊《しょうれい》されるとすぐ、〝強い引力《いんりょく》〟に引っ張られて体が倒《たお》れる

大川隆法　（番組紹介《しょうかい》本を持って）では、この本にもかかわっていると思いますが、渡辺圭《わたなべけい》という、ＮＨＫエンタープライズ情報文化番組プロデューサーの守護霊《しゅごれい》を呼んでみます。

四十八歳《さい》で、慶応《けいおう》大学文学部史学科卒。一九九〇年にＮＨＫに入局された方ですね。「歴史好き」ということで、「十五年越《ご》しの念願企画《きかく》」ということですから、十五年間ぐらい、このような、「あやしの世界」を、一生懸命《いっしょうけんめい》、研究していたのだろうと思いますが（笑）、歴史ファンといっても、変な〝ゲテモノ〟歴史もやっていたのでしょう。

では、呼んでみましょうか。

武田　お願いします。

大川隆法　制作意図が分かるかもしれませんね。

（合掌《がっしょう》し）それでは、NHK「幻解《げんかい》！超常《ちょうじょう》ファイル」のプロデューサーをしておられる渡辺圭さんの守護霊をお呼びしたいと思います。

渡辺圭氏の守護霊よ。

NHKのプロデューサー、渡辺圭氏の守護霊よ。

どうか、幸福の科学 教祖殿《きょうそでん》に降りたまいて、その心の底に思いたることを吐露《とろ》したまえ。明らかにしたまえ。

渡辺圭守護霊　（体が左に倒《たお》れる）ああ、あああ……（体を起こす）。

武田　こんにちは。

渡辺圭守護霊　（体が左に倒れる）ああああ、あああ……（体を起こす）。

武田　大丈夫《だいじょうぶ》ですか。

斎藤　あらら。

武田　体が曲がっていますけれども……。

渡辺圭守護霊　（体が左に倒れる）頭が引《ひ》っ張《ぱ》られる……。

武田　引っ張られています？

渡辺圭守護霊　引っ張られる。

武田　大丈夫ですか。

渡辺圭守護霊　引っ張られる、引っ張られる。これ、誰《だれ》が引っ張ってるんだ？　なんか引っ張られる。

武田　ああ。

渡辺圭守護霊　（さらに深く左に倒れる）あらららららららら。（体を起こして、聴《ちょう》聞者席《もんしゃ》を見ながら）そっちに何か……。

武田　何かいます？

渡辺圭守護霊　〝強い引力《いんりょく》〟が……。そっちに、なんか、あるような気がする。

武田　ひもで引っ張られていますか。

渡辺圭守護霊　なんか、グーッと……。

武田　グーッと？

渡辺圭守護霊　磁石《じしゃく》みたい……。

斎藤　（聴聞者席を指して）そちらにお座《すわ》りになっている方々のなかに、強い〝磁力《じりょく》〟をお持ちの方がいらっしゃるのですか。

渡辺圭守護霊　なんか、ぎゅうぎゅう引っ張ってる。

武田　どこから出ているか分かります？

渡辺圭守護霊　（聴聞者席を見渡《みわた》しながら）うーん……、どこから出てくるのか……。ああ、（もう一度、体を）倒してみたら分かる。

（体が左斜《なな》め後ろへ倒れるが、すぐに起こす）

斎藤　ああ！　〝そちら〟に行っていますよ（笑）（会場笑）。

武田　引っ張られているのですね？

渡辺圭守護霊　（うなずき、両手で綱《つな》を引くしぐさをする）

斎藤　総裁補佐《ほさ》の席のほうへ、「真っすぐに」倒れていきましたけれども……（笑）

（会場笑）。

武田　なるほど。「こちらへ来い」と？

渡辺圭守護霊　引っ張られてる。引っ張られてる。

武田　なるほど。引っ張られているだけですか。何か……。

渡辺圭守護霊　分からない。

武田　分からないですか。

渡辺圭守護霊　分からない。こういう体験がない……。強い力が引っ張るという……。

自身を「霊《れい》である」と認識している渡辺圭氏守護霊

武田　あなたは、渡辺圭さんの守護霊で、よろしいですか。

渡辺圭守護霊　はい。そうです。

武田　そうですか。

渡辺圭守護霊　はい。

武田　今、あなたは、幸福の科学の教祖殿にいらっしゃっているのですが……。

渡辺圭守護霊　それは、よくないね。

武田　来ていることは分かりますか。

渡辺圭守護霊　え？　いやあ、呼ばれたから来たんだ。

武田　今、ＮＨＫから出てきましたよね？

渡辺圭守護霊　渋谷《しぶや》から、わりに近いですねえ。

武田　ええ。一瞬《いっしゅん》でしたよね？

渡辺圭守護霊　そうだねえ。タクシーより速いねえ。

武田　速いですよ。

ところで、今、渡辺圭さんの守護霊は、〝地上の本人〟を向こうに置いてきてしまっているのですけれども……。

渡辺圭守護霊　まあ、そうだろうねえ。

武田　ああ、それは分かりますか。

渡辺圭守護霊　うんうん。それは分かるよ。

武田　今、宿られている体は、本人の体ではないことも分かりますか。

渡辺圭守護霊　うーん。そうらしいね。（モニターを指して）なんだか、映ってる顔が違《ちが》うな。

武田　ええ。

渡辺圭守護霊　（机に置かれた資料の写真を覗《のぞ》き込《こ》んで）私（渡辺圭本人）は、もうちょっと……、まあ、いい男とも言えないなあ。いい勝負かなあ。

武田　今、あなたは、別人になっていますよね。

渡辺圭守護霊　まあね。

武田　それは分かりますか。

渡辺圭氏（イラスト）

渡辺圭守護霊　（モニターを指して）あれは違うな。

武田　ええ。違いますね。

渡辺圭守護霊　違うなあ。顔が違うなあ。

武田　ええ。違います。

では、あなたは、「霊《れい》である」ということは分かりますか。

渡辺圭守護霊　うん？　霊である……。まあ、ここ（幸福の科学）は騙《だま》せないわねえ。

武田　ええ。

渡辺圭守護霊　はい、そうです。はい、そうです。認めます。

武田　なるほど。

渡辺圭守護霊　うん。

武田　分かりました。

## 2 霊言《れいげん》現象を取り上げる〝地《じ》ならし〟と語る渡辺氏守護霊

### 「幻解《げんかい》！超常《ちょうじょう》ファイル」は視聴者《しちょうしゃ》の反応を見る〝観測《かんそく》気球〟？

武田　その前提でお伺《うかが》いします。

今、渡辺圭さんがつくられている、「幻解《げんかい》！超常《ちょうじょう》ファイル」という番組がありますが、これを観《み》ていますと、「超常現象」という、なかなかＮＨＫが扱《あつか》ってこなかった内容を扱ってはいるものの、結局、結論として、「それは、インチキ、あるいは、勘違《かんちが》いであって、そういう超常現象なるものは存在しないのだ」と……。

渡辺圭守護霊　いやあ、まあ、これねえ……、でも、まだ、放送時間が短い（十九分）でしょう。だから、〝観測《かんそく》気球〟なんですよ。

武田　ああ、そうなのですか。

渡辺圭守護霊　まだ、様子を見てるんですよ。NHKが、こういうものに取り組んで、どういうふうな反応があるか、ちょっと、まだ見ているので……。

武田　ほう。

渡辺圭守護霊　その反応によっては、ちょっと姿勢が変わるかもしれない。もうちょっと面白《おもしろ》い、エンターテインメント性を含《ふく》めた膨《ふく》らみも、ありえることはありえるんですよねえ。

実際に、だってさあ、「エイリアン・アブダクション」で、サンフランシスコまで取材に行ったり、ネス湖まで行って取材したりしてやな、十九分で、

NHK「幻解！超常ファイル『私は宇宙人に誘拐された！？』」（2014.4.5）から

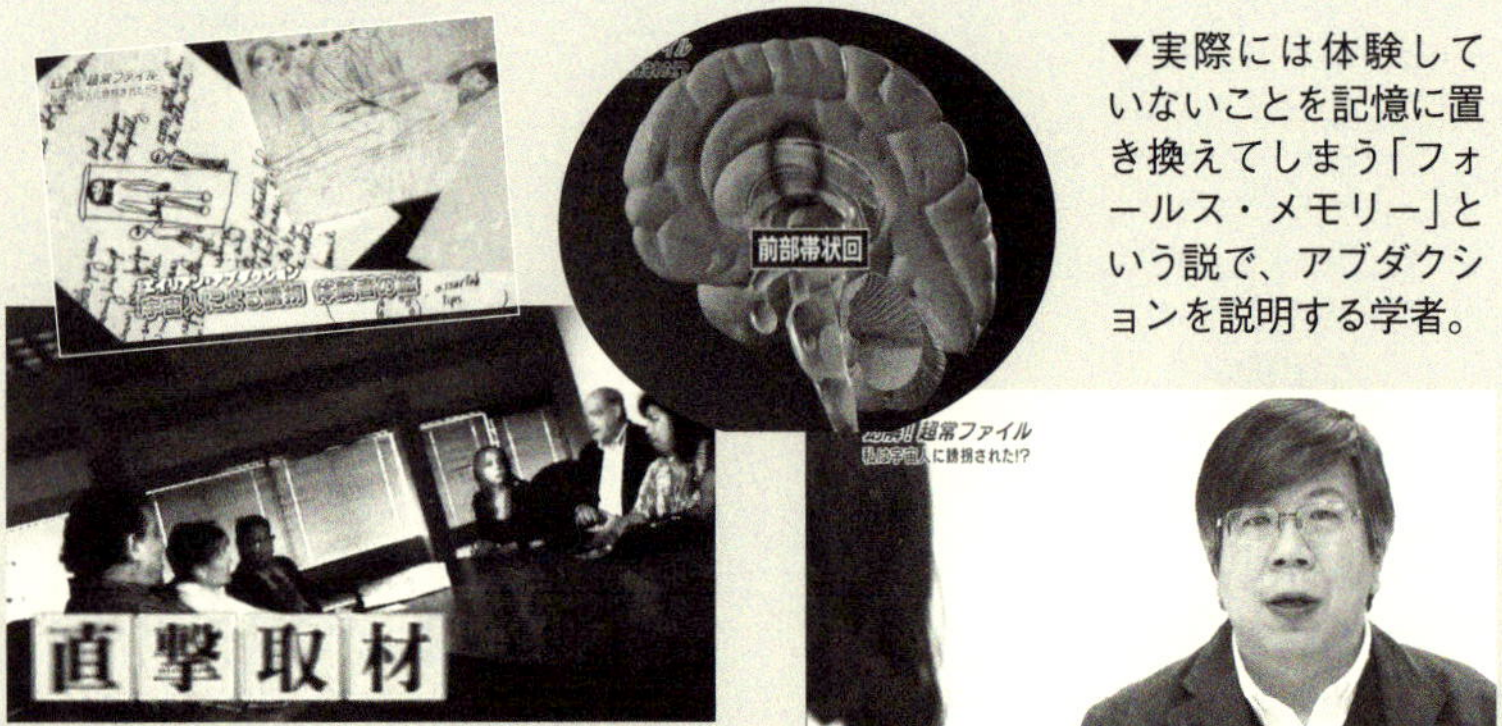


▼実際には体験していないことを記憶に置き換えてしまう「フォールス・メモリー」という説で、アブダクションを説明する学者。

▲アメリカのサンフランシスコで、アブダクション体験をしたという人々を取材。

そんなもん、やったらねえ、もったいない。もとが取れないでしょう?　だから、民放なら、これ、堂々の二時間番組でやりますよねえ。当たり前ですよ。

武田　そうですね。

渡辺圭守護霊　もったいないですよねえ。だけど、これを、ぐっと抑《おさ》えに抑えて、とりあえず、今、観測気球的に見せてるところなんですよねえ、「どういうふうな反応になるかなあ」と思って。

武田　それで、反応次第《しだい》で、どうされるおつもりなのですか。

渡辺圭守護霊　だから、まあ、長く、ロングで、スペシャル風にやることだって、可能ではありますしねえ。

## 渡辺氏が番組で超常現象《ちょうじょう》を取り上げるわけ

武田　では、渡辺圭さんご自身は、この一つひとつの超常現象《ちょうじょう》というのは、どのように捉《とら》えていらっしゃるのですか?

渡辺圭守護霊　いやあ、だから、正統な「表《おもて》の歴史」を教科書とかで読んでるだけでは……、まず、みんなが知らない歴史なんですよ。

教科書と参考書には、まず出てこない、歴史の〝脇道《わきみち》〟が好きな方がいろいろな雑ネタで仕入れてくるような、歴史の〝袋小路《ふくろこうじ》〟の部分ですよね。その部分を集めてきて、やってるわけで、ＮＨＫとしては、これでも、かなり画期的《かっきてき》なことではあるんですよねえ。ＮＨＫがこんなことを特集するっていうのは、めったにないことで、画期的なことなんですよ。歴史の〝袋小路〟を、今、紹介《しょうかい》してるわけなんでねえ。

まあ、もう一つ、私たちだけではなくて、教育テレビとか、ＢＳとか、いろいろなものでも、歴史物は今やっていて、わりに、「教科書的なもの」とか、「正統派」っていうか、学校の勉強に使えるぐらいのレベルのとこまで、できてるやつもやっていますから。それをやっておりながら、裏番組ではなくて、「表」のほうで、これを出してくるっていうのは、そうとう力が要《い》るわけで。それを完全に、否定論者《ろんじゃ》というように捉えられたら困るわけです。

民放のテレビ朝日みたいな、あんな唯物論《ゆいぶつ》の会社がつくってるようなところでさえ、幽霊《ゆうれい》と話ができる刑事《けいじ》みたいなのが出る番組（ドラマ『BORDER《ボーダー》』）をつくってる時代ですからね。競争上、負けるわけにはいかない。こちらだって、ちょっと、それをやらなくてはいかんし。

それに、「大川隆法さんの本」がたくさん出されて、流行《はや》ってるのは知ってるからね。

武田　はい。なるほど。

渡辺圭守護霊　（霊言《れいげん》で）これだけ「社会現象」が起きてるけど、ずばり、それを取り上げて報道したり、あるいは、ノンフィクションのドラマみたいにして流すのも、企業《きぎょう》の経営者とか、そんなのだったら、つくるのはそんなに難しくないし、批判も少ない。いろいろな業種をちゃんと紹介して、公平にドラマに出せば、別に構わないけどね。

だから、あなたがたの（霊言）も、すごい関心はあるんだけど、取り上げるのに、いきなり取り上げられない。

だけど、取り上げる時期が近づいてきているとは思ってるんですよ。

武田　ほう。

斎藤　本当ですか。

渡辺圭守護霊　ええ、そう思ってるの。たぶん、（幸福の科学を）取り上げる時期は近づいてきてるとは思ってる。「いずれ、もう近い。十年かからず、数年以内には確実に来る」と思ってるんですが、その前の〝地《じ》ならし〟として、こういうものを、ちょっとやっとかないといけない。そういう部分を、今、地ならし的にやっているんですよ。だから、そんな悪意に取らないでくださいよ。

**斎藤**　いやいや、まあ、それも頭では分かるのですが、やはり、〝観測気球〟とおっしゃいますけれども、「結論」が〝あれ〟では……。

**渡辺圭守護霊**　だって、そう言っても、「守護霊霊言」だの、「過去の死んだ人の霊言」とかの大広告を、新聞の五段抜《ぬ》きでやって、みんな書店で山積みになって、はっきり言やあ、「社会現象」が起きてるんだけど、マスコミはどこも、これに手を出せないでいるっていうの？

だから、「どこかでこれを取り上げなきゃいけない」のは事実なんですけど、「どういうかたちで取り上げるか」っていうところが、どこも分からない。ポリシーが、はっきりとないわけですよ。

そういう意味で、その前の〝地ならし〟をして、近づいていくためのアプローチの階段を、ちょっとつくっていかないといけないんでね。「どっちか分からん、分からん、分からん、分からん」と言いながら、近づいていかなきゃいけないっていう、そのへんの焦《あせ》りは、すごく感じてますよ。

幸福の科学の本が「引用文献《ぶんけん》」にならないのは「今のもの」だから？

渡辺圭守護霊　あんた、疑うんだったら、制作スタッフの資料のとこを見にきたらいいですよ。幸福の科学の本なんか、もうゴロゴロありますからね。

斎藤　制作スタッフの部屋に!?

渡辺圭守護霊　そら、たくさんありますよ。

斎藤　資料として!?

渡辺圭守護霊　うん。資料は幾《いく》らでもありますよ。

竹内　この前、（武田の持っている本を指しながら）あちらにある、『「宇宙人によるアブダクション」と「金縛《かなしば》り現象」は本当に同じか』（幸福の科学出版刊）という経典《きょうてん》を……。

武田　（本を掲《かか》げながら）これですね。

竹内　そちら（ＮＨＫ）に郵送で送ったのですけれども、届いていますか。

渡辺圭守護霊　そんなもん、着く前に、もう手に入るぐらい、みんな関心を持ってますから。

武田・竹内　そうですか。

渡辺圭守護霊　ええ。そのくらいの情報網《もう》は持ってます。

斎藤　（本を開いて見せながら）だけど、この『ＮＨＫ幻解！超常ファイル　ダークサ

『「宇宙人によるアブダクション」と「金縛り現象」は本当に同じか』
（幸福の科学出版）

イド・ミステリー』という、ＮＨＫ出版の番組紹介本の後ろに、参考文献で当会の本は載《の》っていませんよ。

渡辺圭守護霊　いや、いや、まあ、そら載せられないですよ（会場笑）。載せられないんですよ。それを載せたら……。

斎藤　いやあ、だって、七十冊ほどもたくさんある参考文献《ぶんけん》のなかに、当会の本は一冊もないんですよね。

渡辺圭守護霊　ええ？　そんなの……。

斎藤　わざと、宗教団体のものは載せないのですか？

渡辺圭守護霊　これで取り上げてるのは、だいたい「古いやつ」が多いからね。古いでしょう？

今のにアタックするには、力が要《い》るんですよ。（ＮＨＫ）会長の〝首〟でも取りに来るぐらいの力が、あなたがたにはあるからね。もう、「ノストラダムス」とか「千《せん》里眼《りがん》事件」とか、そういう昔のやつは別に問題ないんだからね、そう言ったって。

斎藤　ああ。時間が経過して、風化《ふうか》しているものについては大丈夫《だいじょうぶ》だと……。

渡辺圭守護霊　うん。古いもの、もう何十年もやられてるようなものは構わない。現在ただ今のやつをやるときには、いちおう、それだけの備《そな》えも要るからね。いいかげんなことを言ったら、やっぱり怒《おこ》るでしょう？　きっとね？　「〝魔女狩《まじょが》り〟をやった」って言って怒るから。

まあ、それを言われる前に、昔の魔女狩りのやつを特集するとかして、「下ならし」をしてこなきゃいけないわけです。

いやあ、大川隆法さんのやつは、今、引用文献にはならないんですよ、もう、みんな読んでるからね。それは当然の常識であって、引用文献として挙《あ》げる必要はないんです。

●千里眼事件　明治期、「千里眼の能力を持つ」とされる御船千鶴子らを、東京帝国大学の福来友吉等が実証実験に取り組み、社会的論争を巻き起こした。

斎藤　ただ、この本を見ると、何か、当会の本の構成と、すごく似ているんですよ。

渡辺圭守護霊　いや、それは、やっぱりね、いいんじゃないんですか。私は、〝ラブコール〟を両方して、こだまのように響《ひび》き合いながら（神秘系の）マーケットが大きくなっていくような気がしてしょうがない。

斎藤　いやあ、どうでしょう。まあ、ちょっと、それは……。

## 番組の「否定的な結論」について「弁解《べんかい》を重ねる」渡辺氏守護霊

武田　（経典『「宇宙人によるアブダクション」と「金縛り現象」は本当に同じか』を掲げながら）ただ、この本は、「幻解！超常ファイル」を観て、例えば、「宇宙人のアブダクション」とか、「金縛り」とか、そういったものが、あまりにも否定的に捉《とら》えられているので……。

渡辺圭守護霊　ＮＨＫが「金縛り現象」なんかを取り上げるっていうこと自体が、もう、本当に〝異常な状態〟なんですよ。

武田　まあ、そうですね。

斎藤　そう、それは「前進」であると、われわれ質問者全員、理解しておりますし、分かりますけれども。

渡辺圭守護霊　だから、それを取り上げる以上、脳学者とか心理学者みたいな人が、なんかちょっとコメントして、〝薄《うす》める〟のを入れなきゃ、それは、やっぱり取り上げにくいですからねえ。

武田　ただ、結論が、「両方あって分からない」というのならよいのですけれども、そうではなくて、「やはり『ない』んだ。勘違いなんだ。フォールスメモリー（偽《いつわ》りの記憶《きおく》）なんだ」ということでしたので……。

渡辺圭守護霊　うーん。だけどさあ、それを言っている学者は、まあ、江戸川《えどがわ》大学の教授ぐらいですから……。

斎藤　あと、信州《しんしゅう》大学の准《じゅん》教授もいますね。

渡辺圭守護霊　もう、学問的に信用性が全然ありませんから、信州大学の先生だとか。ねえ？　そんなの、大川隆法さんに勝てるわけないじゃないですか。

斎藤　いや、ただ、「あの結論」を最後に持ってきたりして、番組構成を考えているというのであれば、先ほど、栗山千明《くりやまちあき》さんの守護霊様がいらっしゃって、「黒と白とグレーがあるはずだ」と言っていましたが、あの結論は、どちらかというと、もう、「ない」という「黒」の立場ではありませんか。「偽りの記憶」「フォールスメモリー」と、今、質問した武田さんも言っていましたけれども。

渡辺圭守護霊　だけどねえ、さっき言ったドラマ（前掲《ぜんけい》のテレビ番組『ＢＯＲＤＥＲ』）でもさあ、「脳にピストルの弾《たま》が残ってて、幽霊が視《み》えるようになった」とか、●『ＳＰ』なんかでも、（主役の警察官は）「脳で、異常に高機能のタンパク質がつくられるような構造になってて、何かいろいろなものを感じたりする」みたいなことになっている。

脳の異常により、そういう「超能力」や「予知能力」があるような感じのつくり方をしないと批判が出るから、何か、この世的に理由があるようなかたちのものをつくってるので。

（脚本《きゃくほん》を）書いてる人は、たぶん「全然、信じてるわけではない」けど、いちおう、そういうのを一つ引っ掛《か》けておくと、あとは、ドキュメンタリーというか、事実のようにやってもやりやすいのでね。そうでなければ、ドラマの最後に、「全部フィクションです」って載《の》せなきゃいけない。まあ、「放送法」上、そういう注意が必要ですのでねえ。

だから、あなたがたの教義どおりのを、そのままドラマにして放送するのは、やっぱり、そう言ったってできないですよ。

●「ＳＰ　警視庁警備部警護課第四係」　テレビドラマ（2007年放映）。また、「野望編」（2010年）、「革命編」（2011年）として映画化。不測の事態を予防する警護課員として配属された特殊能力を持つＳＰがテロとの戦いに挑む。

## 超常現象《ちょうじょう》は「唯物的《ゆいぶつ》な根拠《こんきょ》」があれば証明されるのか

武田　端的《たんてき》に訊《き》きますけれども、あなたは、「宇宙人」、あるいは、「金縛り」など、そういったものを信じていらっしゃるのですか？　「真実だ」と思っていますか。

渡辺圭守護霊　いやあ、それはねえ、まあ、価値中立ですよ。

武田　価値中立ですか!?

渡辺圭守護霊　うん。だから、「ある」かもしれないし、「ない」かもしれないからね。まあ、ぜひ、（宇宙人を）捕《つか》まえて、ＮＨＫの前の広場に引っ張ってきてください。そうすれば、はっきりすることですから、ぜひ捕《と》らえてくだされば……。

武田　ただ、この本（前掲『「宇宙人によるアブダクション」と「金縛り現象」は本当に同じか』）では、大川総裁の霊能力のなかでも、対象者に向けて、時間と空間の座標軸《ざひょうじく》を合わせて霊体《れいたい》の一部を飛ばして、過去や未来の状況《じょうきょう》を透視《とうし》するという「タイムスリップ・リーディング」を通して、被験者《ひけんしゃ》が体験したものを霊視《れいし》し、真実を明らかにしました。これをどう思いますか。

渡辺圭守護霊　まあ、でも、それは、「証明」にはならないですからねえ、やっぱり「信仰《しんこう》の世界」ですから。やっぱり、信仰の世界であって、証明にはならないのでね。だって、信じるかどうかだけですから。

武田　では、あなたが考える「証明」とは、どういうことなのですか。

渡辺圭守護霊　うーん、だから、私はどっちかといったら、「歴史学」のほうだから、やっぱり、文献《ぶんけん》とか証拠《しょうこ》とか、そんなものがあれば有力だなあと思いますね。
　例えば、古代では、どんな生活をしてたかっていうのは、やっぱり、掘《ほ》ってみて、その地層で出てきたものがあれば、それを見て推測する。「土器が出てきたので、こんな生活してたんだ」とか、あるいは、「柱の穴が出てきた」っていったら、「ああ、もう、家を建てて住んでたんだなあ」とか、あるいは、かまどの跡《あと》とか、いろいろ出てきたら、その生活は推測するでしょう。

そうなったら、いちおう、真実だと推定ができるっていうようになるわけで、まあ、歴史でも、何らかの根拠《こんきょ》はないといけないのかなというようには思っているわけなんですけどねえ。

武田　では、同じように、この番組で、「ないことを証明しよう」とされているわけですか。

渡辺圭守護霊　うーん、「ない」ことを証明してるわけではないんです。ある意味で、変化系ではあるけど、例えば、「エイリアン・アブダクション」だって、「実際に、それをされた」っていう人が集まって、みんなで集会して、体験を語り合ってるようなところまで取材してますからね。

それで、（番組の）最後は、違う感じで「否定するような感じ」にも、持ってはいっているけれども、その否定しているところは、集まってる人たちは見てませんからね。日本語でやってますから分かりませんし、（取材シーンを）使われてるだけだから、彼らは「『興味を持って取材してるんだろう』と思ってる」って思いますけどね。

まあ、でも、そういうのがあるというのを紹介することで……、まあ、日本だったら、ＵＦＯならＵＦＯについては、とてもじゃないけど、普通《ふつう》のマスコミで扱えない。新聞にはまず扱えないし、テレビでも、メジャーのテレビでは、少なくとも扱えない。まあ、フィクションならいけますけどね。あるいは、映画だったら、とにかくハリウッド系なんかなら、やり放題ですけど、日本では、やっぱり、映画でもとっても少ないですよね。

だから、この常識を変えようとしたら、まずは、ちょっと情報を流布《るふ》していくことが大事かなとは思うんだよね。それをどう考えるかは、また、視聴者《しちょうしゃ》の立場があろうと思う。

## 「否定しても否定し切れない超常現象《ちょうじょう》」を探《さぐ》っている？

武田　いや、ただ、番組では「結論」をきちっと出していますよね。

渡辺圭守護霊　……うん。

武田　仮説中の仮説を取り上げて、「ゆえに、これは『ない』んだ」という結論を出していますよねえ。

渡辺圭守護霊　だけど、それを「信じない人」もいるわけでしょう。「信じない人」もいるわけですから。

武田　ただ、NHKというのは、やはり、非常に影響力《えいきょうりょく》があると思うんですよ。

渡辺圭守護霊　だからねえ、ネス湖の付近の土産物《みやげもの》売り屋さんが、NHKの受信料を払《はら》ってるんだったら「結末」はちょっと違うようにします。けど、彼らは払ってないから、別に構わないんですよ。

武田　そういう問題なのですか？

渡辺圭守護霊　ええ、まあ、そういう問題なんですよ。日本国民向けなんでね。

斎藤　（苦笑）いやいやいや。

　ただ、冒頭《ぼうとう》、大川隆法総裁も、この本（前掲の番組紹介本）について解説されましたけれども、巻末で写真提供、撮影《さつえい》協力、資料所蔵、参考文献などが載っていますが、総論的なところを見ると、「ＡＳＩＯＳ《アシオス》」という「超常《ちょうじょう》現象の懐疑《かいぎ》的調査のための会」が出している『謎《なぞ》解き超常現象』とか、「と学会」といって、「世間《せけん》の『トンデモ本』などを品評《ひんぴょう》することを目的とした団体」が出している「トンデモ超常現象」シリーズとか、そうした、まったく懐疑的な立場からアプローチしているようなものをネタ本にしているように見受けられます。

　先ほど、「大川隆法総裁のご著書も、陰《かげ》では読んでいる。見ている」というようには言っていましたけれども、そうした懐疑的・否定的なものを柱にするというのは、いかがなものでしょうか。

●ＡＳＩＯＳ　日本の超常現象などを懐疑的に調査していく団体。
●と学会　オカルト分野等、世間常識から逸脱していると思われる書籍を「トンデモ本」と称し、哄笑の対象とする団体。

渡辺圭守護霊　だけど、こんなキワモノを読んでるってことはね……。あなた、大川先生の本は、だいたい、もっとまともですけど、こういうキワモノは、もっと〝行って〟ますから、大川先生のファン層でも、これだけネタ本にしても、キワモノには手を出さない人はかなり多いと思う。九割ぐらいは手を出さないと思うんですよ、関心はあるかもしれないけど。

そういうものまで読んでるわけですから、私の頭脳が〝破壊《はかい》〟されてないだけでも、もう感謝しなきゃいけないと思いますよ。

斎藤　ということは、「懐疑的な立場で、超常現象は『ない』という方向で仮説を立てて、そちらに導こうとしているのではない」ということですか、本心は。

渡辺圭守護霊　うーん。いや、いちおう、「否定」をしながら、それでも〝残るもの〟が何かあるかどうかを探《さぐ》ってるっていうところがある。

斎藤　（苦笑）でも、期待して番組を観ると、「まったくないなぁ」というように、がっかりして終わってしまうではないですか。

渡辺圭守護霊　でも、分からないですよ。そう言ったって、最終回で、実は……。

斎藤　そんなバカな（苦笑）。全部、否定しているのですよ、今まで。

渡辺圭守護霊　実は、「スタッフが、どうしても、明らかにできないものがありました」と、最終回で出すことだってありえるわけですから。

斎藤　そうは言っても（苦笑）。

渡辺圭守護霊　スペシャル。最終回スペシャルで。

武田　ちょっと、嘘《うそ》があるとは思うんですよね。

斎藤　私には、とうてい、今すぐ呑《の》み込《こ》めません。吐《は》き出してしまいますね。

渡辺圭守護霊　そうですかねえ。

## 3　実は「籾井《もみい》会長を追い出すための番組」だった？

### 渡辺氏守護霊は「どのような世界」から引っ張ってこられたのか

酒井　（聴聞席《ちょうもん》から）ちょっといいですか。私は、あなたの最初の出方が非常に疑問だったのです。今回で、おそらく、公開霊言《れいげん》を五百三回ぐらいやっていると思うのですが、〝初めて〟と言ってもいいぐらいの出方《でかた》なんですよね。

斎藤　はい。

酒井　以前、中国で誰《だれ》か、かなり地獄《じごく》の底から引っ張ってこられた人はいますけれども（注。鄧小《とうしょう》平《へい》のこと。『アダム・スミス霊言による「新・国富論」』〈幸福の科学出版刊〉参照）、今回、それに

鄧小平の霊言が収録された『アダム・スミス霊言による「新・国富論」』（幸福の科学出版）

近い感じで、すごく下から、首を引っ張ってこられた感じがするんですよ。

斎藤　なるほど。鋭《するど》い観察ですね。

酒井　（渡辺圭守護霊に向かって）あなた、何か、悪いことをしてません？　陰陽師《おんみょうじ》の最高位の人に、グーッと引っ張られましたよ。

渡辺圭守護霊　あんた、閻魔《えんま》さんの弟子《でし》かなんかじゃないの。

酒井　こちらには、けっこう〝深い〟世界から来ませんでした？

渡辺圭守護霊　そういう言い方ってありますかねえ。

武田　どういう世界から来ました？

渡辺圭守護霊　（息を深く吐《は》くように）へぇ……。

武田　「明るい世界」から来ましたか。

渡辺圭守護霊　それは、何を言いたいわけですか（苦笑）。

武田　いやいや、感じているままをおっしゃってくだされば結構です。

渡辺圭守護霊　アハハハハハ、ハハア……。

斎藤　あなたが先ほどから言っていることは、「脳」では分かるのですが、「魂《たましい》」、「心」では、どうしても反発心が出て、しかたないのです。

酒井　あんな出方をしたのは初めてなんですよね。

渡辺圭守護霊　うーん……。

酒井　首を引っ張られていましたよねえ。何か、無理やり連れてこられましたよ。

渡辺圭守護霊　いやあ、テレビではですねえ、一般《いっぱん》に、（聴衆《ちょうしゅう》のほうに向き直って）視聴者がそちらにいる場合には、そちらに向くんですよ。ところが、視聴者がそっちにいるのに、（また、質問者のほうに向き直って）こっちに向いていたら、視聴者がいるほうに引っ張られると。これは、まあ、ごく普通《ふつう》のことなんです。

酒井　それは違《ちが》いますね。

斎藤　真っすぐではなくて、磁石《じしゃく》のように、ボーンと一定の方向を示しましたよ。

酒井　何か、反発しているものがあったわけですよね。ですから、「こっちへ来い」と……。ところで、陰陽師《おんみょうじ》は好きですか。

渡辺圭守護霊　それは、いずれ、「幻解《げんかい》！超常《ちょうじょう》ファイル」で出てくると思います。たぶん、どこかでやると思いますよ、続いておればね。続いておれば出てくるとは思います。まあ、漫画《まんが》も流行《はや》りましたしねえ。続いておれば出てくるとは思いますけどね。

竹内　では、あなた自身が、陰陽師とは関係があるのですか。

渡辺圭守護霊　うーん、「関係がある」っていう言い方は、ちょっと分かりにくい言い方になりますなあ。

## 明かされた「番組制作の意図」に見える「悪魔《あくま》の影響《えいきょう》」の可能性

斎藤　何か、霊的な影響《えいきょう》を及《およ》ぼされている可能性はないでしょうか？　今、ものすごく友好的な態度で、「幸福の科学を取り上げていく事前準備のために、番組をやり、〝観測気球〟として反応を見て、どこかの段階で、当会を応援《おうえん》する」というような、口ぶり、思わせぶりをしていましたけれども、やっていることは「真逆《まぎゃく》」ではありませんか。それは、変ですよ。

渡辺圭守護霊　うーん、まあ、はっきり言やあさあ、「守護霊霊言」で、そんな、NHKの会長擁護《ようご》なんかして、結局、あれで会長も経営委員もみんな、誰もクビにならずに生き延《の》びちゃったじゃないですかあ（『NHK新会長・籾井勝人《もみいかつと》守護霊本音トーク・スペシャル』〔幸福の科学出版刊〕参照）。

　幸福の科学さんの、その「守護霊霊言」なるものの威力《いりょく》は、けっこう、あることはあるんですよね。

　だから、そういうものに対して、「超常現象が幻《まぼろし》だ」っていうことを解明していくことによって、そういう〝魔法《まほう》〟を解《と》くことができれば、普通の民主主義社会として話し合いができる世界ができると……。

斎藤　やっぱり、そうじゃないですか。「幻解《げんかい》」「幻《まぼろし》を解《と》く」というのは、「幸福の科

『NHK新会長・籾井勝人守護霊本音トーク・スペシャル』（幸福の科学出版）

学の大川隆法総裁の霊力《れいりょく》を解く」ということを意味しているのでしょう？

渡辺圭守護霊　ああ、そういうこと、そうなんです。はい。

斎藤　ほら、違うじゃないですか、全然。

渡辺圭守護霊　でもねえ、そうだけども、ああいう兵法《へいほう》（守護霊霊言）は、ちょっと、見たことも聞いたこともないやり方ですからねえ。

酒井　ただ、守護霊さん、ここに来る前は、本当はどこにいたのですか。はっきり言ってください。

渡辺圭守護霊　うーん。どこ……（苦笑）。

斎藤　最初、すごいフレンドリーに来ましたよね、私も一瞬《いっしゅん》、呑《の》み込《こ》まれましたからね、ガーンと。「ああ、そうかな」と思って。

酒井　どこにいたのですか。

渡辺圭守護霊　「どこ」って、どう言えばいいんですか。

酒井　明るい世界ですか。

渡辺圭守護霊　（笑）そんなの、幾《いく》らでも嘘《うそ》つけるんですから、訊《き》いたって無駄《むだ》じゃないですか。

酒井　では、明るい世界ではないんですね？

渡辺圭守護霊　うーん、いや、私だってねえ、まあ、才能がもうちょっとあればフィクションを書いて、作家ぐらいにはなりたかったんですけど、そこまでの才能がないんで、こういう番組制作ぐらいで我慢《がまん》してるんでねえ。

酒井　ただ、その、「霊的世界を否定する」という考え方は、悪魔とほぼ同じ考え方なんですよ。

## さらに明かされた「番組制作の意図」に潜《ひそ》む「安倍《あべ》政権への見解」

竹内　最近、「ベルゼベフ」●という名前を聞いたことはありますか。

渡辺圭守護霊　〝外国もの〟は、まだちょっと、十分、手を出してないので……。

竹内　いや、霊的な世界においては、けっこう日本にも来て、マスコミのほうに働きかけているらしいですよ。

斎藤　「マスコミ界では有名な悪魔」として、解明はされつつあります（『「週刊文春《ぶんしゅん》」とベルゼベフの熱すぎる関係』〔幸福の科学出版刊〕参照）。

●ベルゼベフ　イエスを荒野で試みに遭わせたといわれる悪魔で、地獄界のNo.2。幸福の科学の霊査により、日本のマスコミ界を背後で操っていることが明らかになっている。（『「週刊文春」とベルゼベフの熱すぎる関係』参照）

渡辺圭守護霊　日本語の習得《しゅうとく》は難しいんじゃないですかね。やっぱり、まだ。

竹内　日本のなかでも、特に、大川総裁の霊言集に対する攻撃《こうげき》を画策《かくさく》しているようなんですけども……。

酒井　マスコミのなかに入っていって、霊的なものを否定していくのです。これは、ルドルフ・シュタイナーも、「現代の悪魔は活字を通して入ってくる」と言っていましたけれどもね。誰か、あなたを操《あやつ》ってる人がいますよね？

渡辺圭守護霊　だから、私は、この本（前掲番組紹介本《ぜんけいばんぐみしょうかいぼん》）にも書いてあるけども、「ヒトラーが、ノストラダムスの予言を使って戦争を有利に進めようとした」とか、「そういう魔術的なものを使って有利にしようとした」とかいうことで、世間《せけん》を誘導《ゆうどう》したものがあったから、「今の安倍《あべ》政権が、戦争するほうに持っていくのに、そういう宗教的なものや霊的なものとかを、いろいろ使おうとしてる」っていう感じは受けてはいるのでね。そういうものの〝解毒剤《げどくざい》〟としての番組をつくってるっていうのは……。

酒井　その指導は、悪魔のルシフェル、ベルゼベフあたりと関係ありませんか。

渡辺圭守護霊　うーん、日本人の大部分は、そう言われても意味が分からないんじゃないでしょうかねえ。

酒井　いや、あなたは分かるでしょう。別に、日本人の大部分ではなく、あなただけと話しています。

なぜ、陰陽師の方が、ウインチ（巻き上げ機械）で引っ張ってくるように、あなたの首を引っ張ってきたかですよ。抵抗《ていこう》してたんでしょう、本当は。

渡辺圭守護霊　うーん……。

酒井　霊的に勝てなかった？　ただ、そういう世界にいたんですよね。

●ルシフェル　地獄の帝王ともいわれる悪魔で、元・七大天使。約１億２千万年前、地上に「サタン」という名で生まれたとき、地位欲や物質欲等におぼれて堕落し、天上界に還れなくなった。

渡辺圭守護霊　うーん、まあ、なかなかねえ、ＮＨＫの会長でも、番組制作現場の責任者との軋轢《あつれき》はあっても、自分がつくれるわけではないからね。まあ、そのへん……。

酒井　「この世の話」ではなくて、あなたは、守護霊ですよね？

渡辺圭守護霊　ああ。

酒井　霊的には、どこの世界とつながってるんですか、あなたは？

渡辺圭守護霊　いやあ、慶応《けいおう》の史学科とつながってます。

酒井　いやいや、あなたは守護霊でしょう？

## 新会長の就任に伴《ともな》い、「NHKの番組」に込《こ》められた企画《きかく》意図とは

斎藤　でも、今、質問者の酒井さんからのお話もありましたけれども、私も「そのとおりである」と同感です。しかし、最近、幸福の科学で出している「霊言集」に、まるで〝ミート〟するかのように、例えば、NHKでは、そういうテーマの番組を集中させています。

この「幻解！超常ファイル」もそうですが、「ためしてガッテン」という番組では「金縛《かなしば》りはない」という結論ですし、「タイムスクープハンター」という番組では、「幽霊屋敷《ゆうれいやしき》のポルターガイスト」は嘘。存在しない」。「サイエンスZERO《ゼロ》」という番組では、サイエンスライターの竹内薫《たけうちかおる》氏とアイドルの南沢奈央《みなみさわなお》さんを出してきて、「超能

### 神秘現象に否定的なNHKの番組

◀NHK「タイムスクープハンター『解明せよ！戦慄の超常現象』」(2014年4月26日放送)では、皿が飛ぶという怪奇現象に対し、人為的なものだけが原因とした。

▶NHK「ためしてガッテン『その金縛り、病気かも!?』」(2014年4月30日放送)では、金縛りについて、「脳は覚醒しているが、肉体は眠っている状態」と、あくまでも「脳の〝誤作動〟による現象」として、唯物的側面のみから説明。

力」を取り上げても疑問に終わるし、ＢＳの「ＮＨＫスペシャル」でも二回やっていました。

ただ、いろいろな番組をつくりながら、どんどんどんどん〝波状《はじょう》攻撃〟で、「ＮＨＫグループ全体」を使って、まったくそういうものがないかのように、同じ時期に攻撃をかけてくるということは、これは、あなたの言う〝観測気球〟で当会を支援するなどという姿勢とは、まったく〝真逆《まぎゃく》〟ですけどねぇ。

渡辺圭守護霊　うん、まあ、（ＮＨＫの）経営層がねえ、そういう、宗教を〝狂信《きょうしん》〟するような政治家の人たちなんかと非常に仲がいいですからねえ。だから、その根元《ねもと》のほうを断《た》たないといけないという気持ちは、ジャーナリストとしては、やっぱり持ってはいますよねえ。

そうした宗教なるものは、ほとんど「幻想《げんそう》」なんだっていうことを、やっぱり言っておかないと、その「幻想」に基《もと》づいて、戦争なんかが起きたら困りますからねえ。だから、そのへんは、根元を断たないといけないんじゃないかなあ。

武田　では、こうした企画意図《きかく》は、「会長から出ているものではない」ということですよね？

渡辺圭守護霊　いや、それは、会長を追い出すためのものですから。

武田　そうですよね？

渡辺圭守護霊　もちろん。

斎藤　では、会長を追い出すのですね？

武田　どこから出ているのですか。

渡辺圭守護霊　それはＮＨＫの、まあ……。

武田　あなたから出ているのですか？

渡辺圭守護霊　古参《こさん》の人たちの総意から出てるもんです。

武田　具体的には、どういう方から……。

渡辺圭守護霊　私が、だから、〝突撃《とつげき》隊長〟として、今、戦ってるんだよ。

武田　ああ、指示されているわけですか？

渡辺圭守護霊　突撃隊長として、ＮＨＫを守るための突撃隊長として、戦ってるわけですからね。

武田　うーん？

渡辺圭守護霊　「ＮＨＫのよきもの」、「良識」を守るために、私は突撃隊長でやってるわけなんで……。

斎藤　では、今の籾井勝人《もみいかつと》会長のことは、嫌《いや》なのですね？

渡辺圭守護霊　あ、すぐ辞《や》めてほしいです。

斎藤　すぐ辞めてほしい？　だって、今、会長ですよ。あなたのトップの上司ではないですか。

渡辺圭守護霊　ええ、会長も経営委員も、もう、すぐ辞めてほしいです。三年もおられたら大変です。

## 渡辺氏守護霊が語る戦争観

斎藤　なぜ、籾井会長に、そんなに辞めてもらいたいのですか。理由は何ですか。

渡辺圭守護霊　ええ？　だから、やっぱり、『永遠の0《ゼロ》』の世界とも、つながってますから。

斎藤　ああ、戦争を呼び込《こ》もうとしているように見えるのですか。

渡辺圭守護霊　ええ、「戦没者《せんぼつしゃ》の霊を『英霊《えいれい》』『神様』と称《しょう》して、零戦《ゼロ》で突《つ》っ込んだやつを、みんなほめたたえて、靖国《やすくに》に神様として祀《まつ》る」なんていうのは、〝原始人の仕事〟ですよ、こんなことはね。

「これは原始人の仕事である」という結論に、最終的には持っていけるように、周りから、順番に攻《せ》め落としていってるわけですよね。

酒井　では、特攻隊《とっこうたい》で亡《な》くなった方をあなたは、「原始人」と呼ぶわけですね？

渡辺圭守護霊　いや、別に、「彼らを原始人」と言ってるわけでなくて、そういう

●『永遠の0』　百田尚樹による小説。太平洋戦争時、優秀な零戦乗りだった祖父が特攻隊に志願した謎を、孫が追っていく物語。第6回本屋大賞5位。2013年には累計400万部を超えるとともに、実写映画化され、大ヒットした。

「突っ込んで死ねさえすれば神様になれる」みたいな考え方は、今の、イスラムの過激派とほとんど一緒《いっしょ》だよ。

酒井　いや、あれは、亡くなった方々を慰霊《いれい》するためなんですよ。

渡辺圭守護霊　いや、そんなことない。イスラム過激派と一緒でしょう？　考え方は、まったく一緒じゃないですか。

酒井　あなたのような人がいるから、今までの時代、遺族の方は、「自分の身内が、そういった特攻隊で亡くなった」ということを世間には言えなかったぐらい肩身が狭い思いをされていたんですよ。そういうことについては、どう思いますか。

渡辺圭守護霊　まあ、とにかくですねえ、安倍さんは、〝アルカイダの親分〟みたいな人なんですよ。

●アルカイダ　イスラム原理主義過激派で、アメリカの「9・11」事件の首謀者。元指揮官はオサマ・ビン・ラディン。（『イスラム過激派に正義はあるのか』〔幸福の科学出版〕参照）

斎藤　安倍首相を〝アルカイダの親分〟と認識しているのですか。

渡辺圭守護霊　うーん。だから、それと友人なのが、うちの会長に来たから、私たち、みんなで追い出したいんですよ、早いとこ。

斎藤　ああ、安倍さんの友人の会長が来たので、追い出したいわけですか。そのために、こういう番組をつくっているのですか。

渡辺圭守護霊　そうです。

斎藤　あららららら。

渡辺圭守護霊　いや、だから、これは、「幻解」じゃなくて、解毒剤《げどくざい》。

斎藤　つまり、「解毒!ファイル」ですか。

渡辺圭守護霊　うん。解毒剤、解毒剤。

## 渡辺氏守護霊は「日本の歴史」や「報道」をどう見ているのか

酒井　ああ、分かりました。あなたが、慶応の史学科で、結局、学んだことは、「日本の歴史というのは、否定したほうがよい」ということですね？

渡辺圭守護霊　うーん。まあ、福沢諭吉《ふくざわゆきち》の啓蒙《けいもう》が始まって初めて、日本の歴史が正常になった。

酒井　「そこから歴史はある。それ以外は、全部、嘘だ」と？

渡辺圭守護霊　ああ、もう、みんな、〝つくり物の山〟ですね。われわれマスコミ人だったらね、もう、番組でもそうですし、あるいは、新聞社だったら、新聞の報道でもそうですが、「幾《いく》らでもつくれる」っていうことは分かってるんですよ。もう、誰でもつくれるわけでね。

ちなみに、新聞社だったら、四月一日のエイプリルフールに、嘘記事を一ページぐらいつくることはありますけど、けっこう、それを本気にしてしまって、やっぱり、電話をかけてきたりする人はたくさんいますからねえ。「これはエイプリルフールのつくり物だ」って、どこかには書いてあるんですけど（笑）、それを知らずに、「本当か」と思って、びっくりしてね。

「こんなものが出てきた」とか、「こんな謎《なぞ》の生物が……」とか、もう、好きなように、エイプリルフール風に書いたら、それを信じる人が本当にいるんです、一定のパーセンテージ。

だからねえ、報道をつくる側から見れば、どうにでも人は操作できるということが分かってるので。やっぱり、「疑い」をもって基本の姿勢としなければいけないっていうのが……。

## 4　「民主主義は一人ひとりが神様だ」

### 宗教がファシズムにならないように〝解毒《げどく》〟するのがマスコミの仕事

酒井　あなたは、NHKに「自虐《じぎゃく》史観」を入れているメンバーの一人ですね？

渡辺圭守護霊　うーん？　まあ、自虐史観を入れてるわけじゃないけども、「皇国《こうこく》史観」というか、そういう「英雄《えいゆう》史観」みたいなのは、そのまま受け入れがたいなあとは思ってますけどねえ。

斎藤　あなたは、日本を愛しているんですか？

渡辺圭守護霊　えっ？

斎藤　日本を愛しているんですか？

渡辺圭守護霊　だから、日本が再び〝悪魔《あくま》の手〟に落ちないように頑張《がんば》ってるわけですよ。

斎藤　どうして〝悪魔の手〟に落ちないように頑張るんですか。

渡辺圭守護霊　だって、宗教的パワーが上がってきたら、物事が見えなくなってくるじゃないですか。

斎藤　宗教パワーが怖《こわ》いんですか？

渡辺圭守護霊　それでみんながウワーッと熱狂《ねっきょう》してきたら、例えば、イスラム教のカ●ーバ神殿《しんでん》の周りを取り巻いている二百万人みたいな感じで、分からなくなってくるじゃない。ヒトラーみたいに、百万人も集めて、かがり火を焚《た》いてウワーッとやったら、

●**カーバ神殿**　メッカにあるイスラム教の最重要の聖地。高さ15 mほどの直方体の石造りの神殿。全世界のイスラム教徒は、カーバに向かって礼拝・巡礼する（「カーバ」とは立方体の意）。

昔の黒魔術が復活したみたいな感じでしょう。

斎藤　宗教パワーで民衆たちが違《ちが》う方向に行ってしまう、そういうヒトラー的に動かれるのが怖いということですか。

渡辺圭守護霊　大川隆法さんの霊《れい》現象だって、これを信じる人がウワーッといっぱい出てきたら、もう怖いですよ。

斎藤　今、あなたは、それを〝解毒《げどく》〟しようとしてるわけですね？

渡辺圭守護霊　そう、そう、そう、そう。

斎藤　（苦笑）

酒井　要するに、これを「潰《つぶ》す」のがあなたの目的だと？

渡辺圭守護霊　潰すのではなくて〝解毒〟する。それが〝医者〟の仕事ですから。

酒井　つまり、今の〝観測気球〟は、ここからさらに入っていって、大川総裁の霊言《れいげん》集《しゅう》を潰すのが「最後の狙《ねら》い」であるということですね。

渡辺圭守護霊　霊言集が最後の狙いというか、いや、私は霊であるから、霊を否定してるわけではないんだけども。

要は、「個別の霊」はあってもいいんです。「個別の霊」が民主主義的に存在しても構わない。

ただ、ファシズム的に「集合霊」になって、ウワーッと走っていき始めたら止まらなくなるので、そういうふうにならないように、〝バラしていく仕事〟が「マスコミの仕事」だと思っているので。

## 個人で信仰《しんこう》を持つのはいいが、「集団幻想《げんそう》」になるのは危険

斎藤　では、かつての国家神道《しんとう》のような姿にしたくないということですか。

渡辺圭守護霊　そうそう、それは怖いからね。

斎藤　それを解除していくと？

渡辺圭守護霊　そうそうそうそう。

斎藤　「個々人が信仰《しんこう》を持つのはいいけど、全体としての動きは駄目《だめ》だ」と、そのように思っているんですか？

渡辺圭守護霊　そうそうそう。個人主義はいいです。個人主義で民主主義的に生きて、自由に生きるのは構わないと思うし、信仰も構わ

ないと思うけども、これが集団でウワーッと〝魔法〟にかかったみたいに、みんな持っていかれると、やっぱり危険で……。

酒井　要するに、国民が、「この霊言は真実だ」と認めることは、よろしくないということですね？

渡辺圭守護霊　いや、安倍《あべ》政権あたりとも妙《みょう》な癒着《ゆちゃく》ができてきて、それがずーっと法律から何から憲法から、みんな変えていけるような力になったら困るんです。あなたがたに攻撃《こうげき》されたので、ちょっと報道し始めたけど、政治のほうで政権を取らせないように頑張っていたのは、（ＮＨＫの）政治部も一緒《いっしょ》だったと思う。それはやっぱり、国民を危機から救うためにやっていることですから。

斎藤　「憲法改正」を防止するための、深謀遠慮《しんぼうえんりょ》があるわけですか。

渡辺圭守護霊　もちろん、それはそういうふうに習ってきましたからね、ずーっとね。

斎藤　これは、そのための「阻止《そし》番組」ですか？

渡辺圭守護霊　うーん、それほど私に〝大きな技《わざ》〟があるとは思えませんけれども。まあ、少なくとも、心霊現象みたいなのはあってもいいとは思うんです。個人的体験としてあってもいいんですけど、みんなが「集団幻想《げんそう》」として持ち始めると危険だっていうことは分かっているのね。

## マスコミは信仰《しんこう》に対する〝解毒剤《げどくざい》〟として「逆洗脳」をかけている

酒井　「個人的体験としてあってもいい」と言いながら、先ほど、テレビの影響力《えいきょうりょく》についで、「『ない』と一言《ひとこと》言えば、みんな信じるんだ」と言ってました。それを、よく分かってますよね？

渡辺圭守護霊　うーん、それは分かってるけどね。

斎藤　大川総裁が「視聴率《しちょうりつ》十パーセントで一千万人の視聴者が生じる」と、さっき言っていたじゃないですか。

酒井　あれを観《み》た人は、個人的にも「ない」という結論に至るんですけれども。

渡辺圭守護霊　うーん、いやあ、それは人間の記憶《きおく》力は薄《うす》くて、どこを覚えているか分かりませんから。

斎藤　それはずいぶん無責任じゃありませんか。流した放送内容について。

渡辺圭守護霊　ええ、まあ……。

いや、今は統計学がかなりマスコミを支配している学問ですから、どっちが多数派かというと、統計学的に見れば、そういうものを信じてない人のほうが多うございますからね。

心霊現象みたいなのは、統計学的に見れば信じてない人のほうが、やっぱり七割ぐらいはいますよ。だから、さらにその「残りの三割」を潰すためにやっているわけです。

武田　そうですよね。

渡辺圭守護霊　ええ、そうです。はい。残りの三割も潰して、〝啓蒙《けいもう》〟を完成させたい。

斎藤　それは、完全な無神論国家ですよ。

渡辺圭守護霊　福沢諭吉《ふくざわゆきち》先生の志《こころざし》を全うさせたいんですよ。

武田　結局、あなたは個人的な信仰《しんこう》も否定しているわけですよね？

渡辺圭守護霊　いやあ、そんなことはない。「石ころを神様みたいに祈《いの》るのはおかしい」っていう福沢さんの〝あれ〟もあるし、まあ、石ころでも油揚《あぶらあ》げでも何でもいいですけど、その程度を神様に祀《まつ》って御本尊《ごほんぞん》にしてしまったりですねえ、デパートの高額商品みたいにいろんなものを売り付けたりするのが、霊感商法として批判されてるじゃないですか。そういうのと同じだから。

人はそういう「共同幻想」にかかって、妄想《もうそう》でみんながやり始めると善悪が分からなくなるので、やっぱり個人個人が目覚めてなきゃいけないんですよね。

そのために、栗山千明《くりやまちあき》みたいな、幽霊《ゆうれい》にふさわしい女性を登用して、これ自身に〝懺悔《ざんげ》〟させることによって、つまり、「黒服」から「白服」に替《か》えて懺悔させることによって、それを〝解毒《げどく》〟しようとしているわけです。まあ、これはメディアとしての洗脳で、逆洗脳ですけども。

武田　はい、逆洗脳ですよね。

渡辺圭守護霊　うん、うん。逆洗脳。信仰の〝解毒剤《ざい》〟としてこれを使ってるというのは、それはそのとおりです。はい。

## 人間は本当に「神」を凌駕《りょうが》したのか？

斎藤　「個人が目覚める」と言っていますが、結局、「神を失う。神を認めない。無神論になる」ということではありませんか。

渡辺圭守護霊　いや、そんなことはない。

斎藤　それは、唯物論《ゆいぶつ》に目覚めることではないですか。

渡辺圭守護霊　そんなことはないですよ。全然そんなことない。「民主主義」っていうのは、一人ひとりが「神様」だということですから、基本的には。

斎藤　えっ？　一人ひとりが神様？

渡辺圭守護霊　一人ひとりが神様というのが「民主主義」ですから。

斎藤　あなたの言っている「神様」というのは、霊界《れいかい》が関係しているんですか。〝偉《えら》い〟というだけなんじゃないですか？

渡辺圭守護霊　一人ひとりが神様なんですよ。みんな神様なんです。

斎藤　この世的な偉さのことを、「神様」と表現しているのではないんですか。

渡辺圭守護霊　古代に八百万《やおよろず》、「八百万《はっぴゃくまん》も神様がいた」っていうのは国民全員のことですよ、あれはたぶん。古代はね。

だから、国民が全員神様なんですよ。それが日本なんですよ。

武田　いや、霊的なものを否定して、神様はないではないですか。矛盾《むじゅん》していますよ。

渡辺圭守護霊　いや、神のごとき知性と理性を持ってますからね。

斎藤　（苦笑）「人間が傲慢《ごうまん》になって偉くなってる」ということを象徴《しょうちょう》としているのではないんですか、その言い方は。

渡辺圭守護霊　科学を持つことによって、神様になったんです。とうとう生命まで創れるようになったわけですから。

神様の教えとして宗教で教えてたこともインチキだったと、次々といっぱい暴《あば》かれているわけですからね。これは、「われわれは神を凌駕《りょうが》した」っていうことですよ。

斎藤　神を凌駕してしまった？　超《こ》えてしまった？

渡辺圭守護霊　歴史的な意味での、昔の宗教が教えていた「神」を、われわれ凡人《ぼんじん》であって、平凡なサラリーマンであるところの、ＮＨＫの職員ぐらいのレベルでも凌駕したっていうことです。

斎藤　それは、本当の意味での「霊的な存在」の神を〝抹殺《まっさつ》〟するということではないですか。〝解毒〟するということは。

渡辺圭守護霊　そんなのは誰《だれ》も分からないじゃないですか。だから、誰かがその神の声を聞いたとかいうことで、国民全員が信じるような体制っていうのは、もう「ファシズム体制」しかありえないと思っているので……。

## 「すべての宗教はファシズムに向かう」と考える渡辺氏守護霊

斎藤　つまり、「信仰の形態は、集団幻想としてのファシズムしかない」と思っているのですか。

渡辺圭守護霊　例えば、天皇制だって、天皇様が田植えをしたり、皇后様が養蚕《ようさん》してるぐらいなら、別に無害で結構ですけれども、もし天皇に「神の声」が聞こえてきて、それを国民に伝え始めたら、やっぱり危険ですわねえ。ＮＨＫとしてはね。

酒井　そうすると、「キリスト教」も「イスラム教」も、あなたに言わせると危険ですよね？

渡辺圭守護霊　まあ、よそ様のことについてまでは……。

酒井　いや、「よそ様」って、同じではないですか。まったく同じですよ。一人だけ「神の声」を聞いたんですよ。ＮＨＫは、「キリスト教」も「イスラム教」も否定すると？

渡辺圭守護霊　いえ、その見識はありませんけども、やっぱり、現代には出てほしくないですね。

「昔はあった」ということについて否定はできないし、それを信じている人がいるのは事実ですから、それについての社会学的な分析《ぶんせき》は当然ありえると思います。

でも、今はキリストもムハンマドも出てきてほしくないですね、はっきり言って。必ずファシズムになるから。

斎藤　「すべての宗教は、ファシズムに向かっていく」という見解ですね。

渡辺圭守護霊　まあ、そういうことですね。一人の声で全部決まるということは、そういうことじゃないですか。

武田　つまり、神を否定しているんですよね?

渡辺圭守護霊　まあ、西洋の神様を勉強したって、「善悪」両方持ってるじゃないですか。

武田　うーん。

渡辺圭守護霊　優《やさ》しい神様もいるけど、罰《ばっ》する神様、人を滅《ほろ》ぼすような神様もいるじゃないですか。私は、ああいう神様は信じられない。

## 5 安倍《あべ》首相と幸福の科学を「ファシズム」呼ばわり

### オウム教と幸福の科学を〝平等〟に見る渡辺氏守護霊

斎藤　そのなかで、「預言者《よげんしゃ》」という方がいらっしゃって、地と天をつなぐ役割として「神の声を聞く」という立場の人が、どの地域にも現れています。
例えば、日本でも巫女《みこ》さんが神の声を聞いたりすることもあるではありませんか。

渡辺圭守護霊　いやいや、「ノストラダムスの予言」を悪用されて、オウム真理教で痛い目に遭《あ》ったのは、ついこの前じゃないですか。

斎藤　オウム真理教の「トラウマ」か何かが残ってるんですか?

渡辺圭守護霊　ええ? あれは、かなり被害《ひがい》がありましたよ。

やっぱりあれは衝撃《しょうげき》で、マスコミとして、あれをもっと早く分析《ぶんせき》できなかったかっていうことについては、痛恨《つうこん》だわねえ。痛恨の極《きわ》みだ。

斎藤　それでは、幸福の科学という団体については、どのように思っていらっしゃるんですか。あなたの考え方をベースにして、個別に当会を見たときには。

渡辺圭守護霊　いやあ、今は、（宗教界で）〝頭一つ抜《ぬ》けてる〟のは事実だとは思うけど。

まあ、「他の宗教と拮抗《きっこう》し合うぐらいの関係で止《と》めてくれるとありがたいな」とは思ってる。

斎藤　勢力がこれ以上広がっては困ると？

渡辺圭守護霊　「完全独走態勢」で〝あれ〟すると、ちょっと怖《こわ》いなあという感じはありますねえ。

斎藤　何が怖いんですか？

渡辺圭守護霊　だから、ファシズムは大勢の人が死ぬ……。

斎藤　ファシズムにつながっていくと見ているんですか。

渡辺圭守護霊　それはそうでしょう？

斎藤　どうして？

渡辺圭守護霊　だって、総裁が一声《ひとこえ》言ったら、そのとおりにみんなが動くんですから、これはヒトラーと変わらないですよ。あるいは、サダム・フセインと変わらないですよ。

サダム・フセインの死後を霊査した『イラク戦争は正しかったか』（幸福の科学出版）

斎藤　思想的に、そのような目でしか見られないんですか。

渡辺圭守護霊　あるいは、うちの籾井《もみい》会長と変わらないですよ。

斎藤　（苦笑）籾井会長と一緒《いっしょ》になってしまうのですか。

酒井　要するに、あなたに「善悪」はなくて、フランス革命以降の、まあ、「多数決」ですね。

渡辺圭守護霊　うん、まあ、平等《びょうどう》主義だ。

酒井　みんなが「いい」って言えば、「いい」と？

渡辺圭守護霊　平等、平等。

酒井　みんなが「善」と言えば、「善」だと。

渡辺圭守護霊　平等主義。

## 善悪が分からず、宗教がすべて「ファシズム」に見える

竹内　あなたのそういう平等主義が、今の世界情勢のなかで「日本を滅《ほろ》ぼす」という感覚はないんですか。それが日本を救う考え方なんでしょうか。

渡辺圭守護霊　だから昔は、神様はちょっとしかいなかったと思うけれども、今は、慶応《けいおう》だって七千人以上は毎年卒業するし、早稲田《わせだ》だって一万人以上卒業する。東大だって三千人以上卒業するので。だから、今は、東大・早稲田・慶応を集めただけでも、神様が毎年二万人は生まれるような時代なんですよ。

昔の神様は一人で、鶴《つる》の一声で、一声言って終わりだったけど、そこから、今は専門分野を持ってそれぞれの神様が分析して、「何とかの神」ということで、いろいろ

意見を提言している。そういう時代なんですよ。うーん。

酒井　しかし、ＮＨＫは、「オウム真理教が悪だ」というのも分からなかったし、「中国が悪だ」というのもいまだに分かっていない。これいいんですか？

渡辺圭守護霊　いや、ＮＨＫはどちらかといったら、事件が起きる前はオウムを応援《おうえん》してたので（笑）。

酒井　そうでしょ？

渡辺圭守護霊　うーん……。

斎藤　そうですね。ＮＨＫは応援してましたね。

酒井　幸福の科学は、最初から明確に「悪だ」と言っていたわけですよ。

斎藤　「善悪」の不在ですか？　あなたは、宗教的善悪をどう考えているんですか。

渡辺圭守護霊　あのねえ、（NHKには）灘《なだ》高《こう》卒のディレクターがいたので……。灘高・東大組のオウムの幹部がいたけど、それの応援に回ったのが、ちょっと、いたのでねえ。

だから、ちょっと学歴信仰《しんこう》の〝あれ〟もあったんだと思うけどね。まあ、あれで防げなかった面はあったんですけど。

でも、幸福の科学がオウム批判をしても、単に善悪で批判しているだけか、自分たちの教勢拡大のためにやっているのか、やっぱり判断つかないとこがあるかもね。

酒井　いや、あなたが勉強不足なだけであって、当会は、「悪だ」と明確に言っていました。

斎藤　善悪を示して、オウムについて、「これは悪だ」と言って世を啓蒙《けいもう》し、警鐘《けいしょう》を鳴らしたのは大川隆法総裁が〝初めて〟なんですよ。
全宗教学者の反対を押《お》し切ってでも、「これは間違《まちが》っている」と示したんです。

渡辺圭守護霊　だけど、ヒトラーを尊敬してたのはオウムだよ？

斎藤　ヒトラーを？

渡辺圭守護霊　尊敬してたのはオウムだよ。

斎藤　いやいや、「ヒトラーに間違いがある」と、大川隆法総裁は述べていましたよ。今も、「自由の創設《そうせつ》」ということで、「全体主義の間違い」を理論化して、きっちりと述べています。

渡辺圭守護霊　いや……。

斎藤　ですから、「自由のなかにある善悪の判断が、宗教的に見て正しくない。善悪が見えない」というところに、「すべてみんな平等で神様なんだ」と言っているあなたの間違いがあるんじゃないですか。それで中国にやられたらどうするんですか。

渡辺圭守護霊　いやあ、でもあなたがたの、やっぱりその、なんか……。

## 平和的生存のために「平和主義」「唯物論《ゆいぶつ》」は必要？

斎藤　あなたの言う「安倍《あべ》政権が駄目《だめ》だ」というのは、議論としてあったとしても、中国が攻《せ》めてきたときに、「戦争は駄目だ」「軍国主義だ」「ファシズムだ」と、すべて極端《きょくたん》な理論だけでいったら、何も防衛できませんよ。

渡辺圭守護霊　いやあ、それは「ＩＦ《イフ》」ですから。安倍さんが出てこなければ、中国はあれほど過激にならなかったかもしれないですから。それは歴史の「ＩＦ」なので。

全体主義国家・中国の台頭に対し、「自由の創設」を掲げ、アジアの平和を守れるリーダーとなるため、「集団的自衛権」の必要性を訴えた『自由の革命』（幸福の科学出版）。

例えば、温家宝《おんかほう》は、鳩山《はとやま》（由紀夫《ゆきお》）さんを支えるために、（鳩山氏が総理を）辞《や》める前々日に日本に来たぐらいですからね。

斎藤　あなたは史学科卒で、「歴史秘話ヒストリア」という番組もつくっているので分かるじゃないですか、「このままいったらこうなる」というのが。今、日本は、非常に危険ではありませんか。

渡辺圭守護霊　それは、安倍さんの個性が呼び込《こ》んでいて、何が呼び込んでるかといえば、安倍さんの宗教思想のなかに、「英霊《えいれい》を慰《なぐさ》める」といって、先の「七生報国《しちしょうほうこく》」だとか「八紘一宇《はっこういちう》」だとかにつながる思想があるからで、これについては、戦後の歴史学界から見れば、やっぱり反省材料として扱《あつか》われている内容であるのでね。

2010年5月31日、日中首脳会談を前に中国の温家宝首相（左）を出迎える鳩山由紀夫元首相。そのわずか２日後の６月２日、鳩山氏が首相辞任を表明。温家宝首相を激怒させた。

まだ、首相だからといって、安倍さんの考えで全部を変えさせるっていうのは無理だと思っているわけですよ。国会で法律は通せても、そういう学界まで全部変えるわけにはいかない。

酒井　ただ、見事にアジアの国々は日本を頼《たよ》ってきてますよ。

渡辺圭守護霊　まあ、そうしたって無駄ですよね。

斎藤　第二次世界大戦で「アジアの解放」ということを目指したら、どんどん植民地が独立していきましたよ。日本が、戦争を通して守ったおかげで。

渡辺圭守護霊　（今の日本は）戦争ができない国なのに、頼ってきたってどうしようもないじゃないですか。移民だって受け入れないしね。

武田　その考え方の結論はどうなるんですか。

渡辺圭守護霊　え？　結論？

武田　ええ。

渡辺圭守護霊　結論は「平和主義」ですよ。

武田　そのあと、どうなりますか。

渡辺圭守護霊　ええ？　だから、平和的に〝生存《せいぞん》〟できればいいわけですよ。

武田　中国との関係はどうなるんですか。

渡辺圭守護霊　だから、「意図的に戦争で殺されるのはかなわん」と思ってますよ。

武田　ただ、中国が、自ら手足を縛《しば》って何もできなくなっている日本と、平和な関係を築くと思いますか。

渡辺圭守護霊　あなた、唯物論《ゆいぶつろん》は悪いものだと頭から決めてかかってるけど、そんなことないですよ。唯物論であればこそ、この世の命を愛《いと》おしむこともあるわけです。だから、「死んだら、あの世で天国が待ってる」という思想が、イスラムの突撃《とつげき》テロ思想や、先の大戦の特攻《とっこう》の精神になったところがあるわけで、あの世を認めて霊魂《れいこん》を認めるのは実に〝怖い〟部分もあるんですよ。

斎藤　しかし、唯物論だからこそ、人間を〝物〟として見て、どんどん殺戮《さつりく》とかしてもいいという思想になってしまうんですよ。人を幾《いく》らでも殺していいということになるんですよ。

渡辺圭守護霊　そういう考えもあるけど、「この世の生活をよくして、長らく病気もしないで、病院の看護もよくて、長く幸福に生きられるようにしよう」という社会福《ふく》祉《し》の考えのなかには、宗教的なものばかりではないですよ。唯物論的なものもちゃんと入ってますよ。

## 「唯物論《ゆいぶつ》」に染まっている渡辺氏守護霊が「霊《れい》」を信じる不思議

竹内　あなたはウイグルやチベットの悲惨《ひさん》な現状を知ってますよね？

渡辺圭守護霊　うーん。

竹内　また、中国国内でも今、思想や言論への取り締《し》まりが強まっていますよね。それに対して、あなたの考えだと「危険だ」というのが分かってはいないんですか。

さらに、もう一つ訊《き》きたいのですが、中国のスパイがＮＨＫにけっこう入っているような話を聞いたことがあるのですけども。

渡辺圭守護霊　そんなことは言ったってしょうがない。日本中にいるんだから。

竹内　ええ。そこは今回の番組を含《ふく》め、直接、何かやり取りはしてるのですか。

渡辺圭守護霊　いや、私はそんなに大物ではないから、あんまり過大評価はしないでいただきたいとは思うんですが。

竹内　うーん。そうですか。

酒井　そんなに大物ではないかどうかはさておき、それだけ「唯物論《ゆいぶつろん》的な人生観」を持っていながら、なぜあなたは「霊《れい》」を認識できるんですか。

渡辺圭守護霊　うーん。いや、それは〝怪奇文書《かいきぶんしょ》〟をいっぱい読んでるからでしょうねえ。

斎藤　この番組をつくるまでに十五年間忍耐《にんたい》して、企画《きかく》を練っていたようなことも、一部述べられていますけど。

渡辺圭守護霊　だから、〝幽霊話《ゆうれいばなし》〟ばっかりいっぱい読んでたら、ちょっとは信じるようになるでしょうよ。

酒井　それは、宗教に対する疑いを持ちながらやっていたわけですよね。あなたは、絶対に誰かとつながってますよね？

渡辺圭守護霊　いや、私は「集団幻想《げんそう》」みたいなのだけを避《さ》けたいと思ってるわけで、個別に度を越《こ》えて否定してるわけではない……。

武田　いや、否定してますよ。完全に否定してます。

酒井　あなた、やっぱりどこかの世界とつながってますね。

斎藤　ここは、ひとつ楽《らく》になってはいかがですか（笑）。

渡辺圭守護霊　「楽になる」って、どういう……。

酒井　最近、メディアはけっこう占領《せんりょう》されてるんですよね。

渡辺圭守護霊　逆だって、あるわけじゃないですか。「霊界《れいかい》もの」みたいなのをやってるところだってあるわけですから、逆も、走ってますよね。

## 6　NHKと幸福の科学、どちらが「科学的」なのか

### NHK籾井勝人《もみいかつと》会長を嫌《きら》っているのは過去世《かこぜ》の因縁《いんねん》

酒井　ただ、あなたに対して、何かインスピレーションをかなり強烈《きょうれつ》に入れてきてる人がいますよね。

渡辺圭守護霊　うーん。まあ……、「新撰組《しんせんぐみ》」は嫌《きら》いだなあ。

斎藤　新撰組が嫌いですか。

竹内　なんで嫌いなんですか？

渡辺圭守護霊　殺されたから。

斎藤　殺された!?

武田　どこで殺されたんですか。

渡辺圭守護霊　京都。

斎藤　京都で！

竹内　池田屋《いけだや》ですか。

渡辺圭守護霊　うーん。

斎藤　あなたは新撰組に殺された人なんですか？

武田　どこの人ですか。

斎藤　何藩《はん》ですか。かつての過去世《かこぜ》では。

渡辺圭守護霊　うーん。長州《ちょうしゅう》かな。

斎藤　長州藩ですか。

渡辺圭守護霊　うん。

武田　ほおー。

酒井　それは本当ですか?

渡辺圭守護霊　殺されたからさ。あの会長を許せない。

斎藤　会長を許せないのは、「個人的な気持ち」も含《ふく》まれてるんですか。

渡辺圭守護霊　うーん。

斎藤　転生《てんしょう》してきている段階で？

渡辺圭守護霊　うーん、幸福の科学にも、似た〝におい〟がちょっとする。

武田　幸福の科学では、思想的には長州がすごく強いんですけど。

渡辺圭守護霊　でも、なんかね、新撰組の〝におい〟がプンプンする。

斎藤　プンプンにおいがしますか？

渡辺圭守護霊　プンプンしてくる。どこかから。

斎藤　ＮＨＫの会長は、過去世が新撰組局長も務めていた芹沢鴨《せりざわかも》という方だと霊査《れいさ》で出ておりますけれども（前掲《ぜんけい》『ＮＨＫ新会長・籾井勝人《もみいかつと》守護霊本音トーク・スペシャル』参照）、その方に……。

渡辺圭守護霊　だけど、俺《おれ》ら、「近藤勇《こんどういさみ》」（の番組）もやってたよ。うん。

斎藤　「近藤勇」をやってた？

渡辺圭守護霊　ＮＨＫでやってたよ。

武田　やってましたね。

渡辺圭守護霊　うーん。

●「近藤勇」　ＮＨＫ ＢＳプレミアム「英雄たちの選択『池田屋事件 近藤勇・逆境を駆け抜ける』」。池田屋に突入する決断をした近藤勇の心理を読み解いた番組。

斎藤　ああ、はいはいはいはい。

渡辺圭守護霊　ああ。

## 「個人的信条」で日本中に害毒を垂《た》れ流す責任を取れるのか

斎藤　あのようなものを見ると、やっぱりムラッとくるんですか？　ムラムラムラッとか、カリカリッとか。

渡辺圭守護霊　うーん、歴史観もいろいろあると思うんだけどね。私は、そういう「一部の人たちの英雄《えいゆう》的活動で歴史が変わった」みたいなのはねえ。まあ、〝司《し》馬《ば》史観〟も勉強したけど、それが大昔にはあってもいいかとは思うが、今にはあってほしくないのよ。

武田　いや、龍馬《りょうま》さんを尊敬していたのではないんですか？

渡辺圭守護霊　うーん？　まあ、この世的な仕事はね。

武田　英雄ではないですか。

渡辺圭守護霊　うん。だけど、過大評価されてるかもしれないからね。うーん。

武田　あの方と自分を引き比べて、何か僻《ひが》み根性《こんじょう》というか……。

渡辺圭守護霊　うーん、あなたねえ、とにかく、目に見えない巨大《きょだい》な意志みたいなものので、全体が巻き込《こ》まれていくようなのって怖《こわ》いのよ。とっても怖いので。

武田　ただ、あなたがしていることは、日本国民から信仰心《しんこうしん》を奪《うば》おうとしていることですよ。

渡辺圭守護霊　だけど、唯物論《ゆいぶつ》の新興宗教だっていっぱいあるからね。信仰心といったって。

武田　いや、そんなこと言っても、あなたは「霊」ですよね？

渡辺圭守護霊　ええ？　そらあ、そうだけど。

斎藤　その矛盾《むじゅん》はどう結論づけるんですか？

武田　「宗教を否定」して、「あの世を否定」した結果、死んだらどうなるんですか？

渡辺圭守護霊　だからね、「この世」が中心になってるの。昔より「この世」がよくなってるわけだし、寿命《じゅみょう》が倍になってるわけですよ。

武田　でも、いつか死ぬんですよ。

渡辺圭守護霊　うーん。死んだら、早く「この世」に戻《もど》ってくることが大事なんじゃないですか。

武田　いえいえ。戻れないこともありますよ。「憑依霊《ひょうい》」や「不成仏霊《ふじょうぶつ》」として居続《いつづ》けるということですよ。

渡辺圭守護霊　うーん、うーん。

武田　その責任は、いったいどうするんですか？　あなたがつくった番組で、この害毒が日本国中に流れているわけですよ。

斎藤　数千万人の単位で広がっていますよ。

渡辺圭守護霊　ああ、そりゃ、栗山千明《くりやまちあき》は〝魔法使《まほう》い〟として、日本中に〝魔法〟をかけてるんだからいいじゃないの。

武田　それをやってるのはあなたですよ。

渡辺圭守護霊　「こちらが正しい」っていう〝魔法〟をかけてるんだからそれでいいじゃない。

## あくまでも、霊《れい》の世界を認めようとしない渡辺氏守護霊

竹内　今、あなたが話していくなかで、どんどんインスピレーションを受けていると思うのですけれども、その出所《でどころ》は誰《だれ》なのでしょうか。話せば話すほど、何か知識が増えてきているようにも感じます。誰かアドバイスをしてくれている霊存在がいるのではないですか。

渡辺圭守護霊　まあ、たくさん、いろいろなものを勉強したからね。
ただ、これは多勢《たぜい》に無勢《ぶぜい》だから、もう言ってもしょうがない。ＮＨＫのスタジオに

来てくださいよ、逆になるから（笑）。
大川さんがスタジオで、どうぞ霊を見せてください。出してください。

斎藤　結局、実証して、目の前でやって見せても、今度は「トリックだ」って言いますものね。

渡辺圭守護霊　出せなかったら終わりだよな。

斎藤　まあ、何をやったところで、その次の質問が来ることは想定されます。

渡辺圭守護霊　まあ、そらそうだ。

斎藤　たぶん、どんな映像を出しても、どんな現象をその場で出しても、「トリックだ」と言うわけでしょう？

渡辺圭守護霊　そら、そうだよ。

斎藤　「そら、そうだよ」って、やっぱりそうではないですか（苦笑）。

渡辺圭守護霊　おたくの本だって、あんなのは、ゴーストライターが五百人ぐらいで手分《てわ》けして書いてたら、書けるだろうよ。

武田　いや、ただですね、渡辺圭さんの守護霊自身が、今ここに来て、大川総裁の体を使って話しているわけですから。矛盾しているんですよ。

渡辺圭守護霊　そうかあ。そらあ、あるいは、催眠術《さいみんじゅつ》かもしれない。だから、大川隆法さんが、自己催眠をかけて、自分を「渡辺圭だ」と思い込んで、しゃべっているかもしれないからさあ。

武田　それは屁理屈《へりくつ》ですよね。

斎藤　あなたは確信犯《かくしんはん》ですね。自分が霊であるのに、「霊の世界がない」と人に教えようとしているということは、これは「悪魔の考え」ですよ。

渡辺圭守護霊　私はねえ、〝正義〟だから、イスラムのテロリストみたいな、ああいう過激派テロみたいな国家に、日本をしたくないのよ。安倍《あべ》さんも、そんなもん（テロリスト）だ。もう早く交替《こうたい》してほしいわけだ。あんまり外国と争いごとを起こして、宗教的なものを根っこに持って、そちらを巻き込んでいってほしくないのよ、みんながね。

竹内　あなたは、安倍さんのあとは誰になったらいいと思いますか？

渡辺圭守護霊　ええ？

竹内　誰を推《お》したいですか。

渡辺圭守護霊　そんな政治性は私にはないから、特に意見はありませんけど、安倍さんはとにかく危険です。早く去らねばならないですよね。

## 「疑い」や「否定」が、ジャーナリズムの精神なのか

武田　いずれにしても、あなたの場合、宗教に対する勉強が足りないですし、当会や安倍首相についても、あなたの分析《ぶんせき》は甘《あま》いと思いますよ。単純ですよ。ただ、そういった判断に基《もと》づいて、国民から信仰を奪い、宗教を軽《かろ》んじるような風潮をつくっていると、その責任は、あなたに必ず返ってきますからね。

渡辺圭守護霊　いや、少なくとも私の番組はいろんな資料を参照しながらやっているし、実地調査もして、やっているわけで。大川さんのは、「天の声」と称《しょう》して、それを本にしてるだけですから。

どっちが「科学的」かと言うたら、私のほうが「科学的」だよ。

武田　いや、あなたの番組は、あくまでも、ただの「仮説」で終わっています。「実証的な精神」はないですし、とても「非科学的」です。

渡辺圭守護霊　（番組の）時間の制約があるから、そうなってるだけだよ。

武田　いや、始めから「結論ありき」で、神秘的なものを、ないものとしようとする、あなたの意図が入っているのは、よく分かりますから。これは「罪《つみ》」です。

渡辺圭守護霊　うーん。

斎藤　あなたが参考にした文献《ぶんけん》も全部見ましたけれども、懐疑《かいぎ》論・否定論が前提のものも多く、科学的だとは、とうてい思えませんね。これらを〝ネタ本〟に使って出しているようでしたら、レベルが低いですよ。

渡辺圭守護霊　いや、懐疑論であるほうが、まだ、安全なものもあるからね。

例えば、ＵＦＯや宇宙人のクラブみたいなもののなかに入ったら、おかしなものもいっぱいあるからね。これは、あなたがたもたぶん認めると思うのよ。こういうところに入ったら、変なのもいっぱいある。

武田　しかし、だいたいこの番組の内容をつくるもとにしているＡＳＩＯＳ《アシオス》という団体は、超常《ちょうじょう》現象を懐疑的に調査することを目的としており、基本的には、否定するために研究しているところですよね。

だから、あなたは最初から否定する意図を持って番組をつくっているわけですよ。

渡辺圭守護霊　いや、マスコミは、「懐疑的」で「否定的」なのが基本なんですよ。認めていいんだったらマスコミは要《い》らないんです。ほとんど仕事がないんですよ。

だいたい否定から入って、否定していくなかに真理が出てくるっていうのが、「近代の啓蒙《けいもう》主義」っていうか、「ジャーナリズム」で、その精神は「否定」なんですよ。

人が信じ込みやすいやつをいろいろ否定していくときに真理が現れてくるっていう考え方を採《と》っているから。だいたい、基本的に、批判を中心にするものが正当なジャーナリズムだと言われているわけで、「ただただ〝大政翼賛会的《たいせいよくさんかい》〟に応援《おうえん》するだけのジャーナリズムは偽物《にせもの》だ」と、みんな思っているわけなんでね。

武田　あなたのしていることは、真実を隠《かく》し、人を迷わせることです。結局、「悪魔の仕事」に加担《かたん》しているということを知っておいてください。

渡辺圭守護霊　うーん。

## 7 「マスコミは本来、宗教を潰《つぶ》すものだ」

### 霊《れい》である自分自身をすら認めないつもりなのか

斎藤　大川隆法総裁の大悟《たいご》に伴《ともな》う霊的《れいてき》能力というのは、半端《はんぱ》なものではありません。

　例えば、あなたも制作する側の人間だから分かると思いますけれども、リアリティのある話としては、先週、大川隆法総裁が話したその内容が、次の日には本となって出たことが二回ありました。総裁は校閲《こうえつ》をなされ、「まえがき」と「あとがき」も書かれて、収録した翌日には発刊されているわけです。

　それくらいのスピードをずっと続けておられ

さまざまな分野への提言や啓蒙を続けている大川隆法著作シリーズ。年間100冊を超える発刊スピードで、すでに発刊点数1500冊以上を刊行（2014年６月現在）。

て、この四年半ぐらいで、発刊数は二百五十冊以上になっていますし、トータルでは一千五百冊以上の著作が世に出ているのです。

はっきり言って、そんなこと、人間ではできませんよ。しかし、これらは、すべて「公開霊言《れいげん》」、「公開収録」として、データとしても遺《のこ》っていますから、内容を突《つ》き合わせても、これが真実かどうか全部分かるようになっているんですよ。

渡辺圭守護霊　それは、今日呼ばれて、その「仕組《しく》み」は分かったけどね。ただ、やっぱり証明はできないわな。これは証明ができないから、しかたないね。

斎藤　でも、あなたは霊として、入っているではありませんか。

渡辺圭守護霊　でも、信じるかどうかですよ。証明はできないわねえ。

武田　しかし、これ一つ取っても真実ですよね。

渡辺圭守護霊　ええ？

武田　真実ですよね。

渡辺圭守護霊　真実って、何？

武田　あなたが「霊」であることです。

渡辺圭守護霊　いやあ、「真実」ったって、「真実の定義」によるわね。

武田　でも、これは本物ですよね。あなたは霊として、ここに呼ばれて、今、話しているじゃないですか。人間は「霊」なんですよ。これは真実ですよね。

渡辺圭守護霊　まあ、もしかしたら、「私が霊だ」と認めたこと自体が間違《まちが》いかもしれないから。

斎藤　（苦笑）そんなことを言ったら、あなたは、あの世で存在できないではないですか。自己否定ですよ。

渡辺圭守護霊　うーん、いや、もしかしたら大川隆法さんは〝マジシャン〟で、空中から、そういうふわふわしている霊体《れいたい》を引き寄せて、粘土《ねんど》をこねるようにして渡辺圭の人格をつくりあげるような能力を持っている可能性もある。

斎藤　それは、ほとんど妄想《もうそう》系の話になってきていますけれどね。

武田　まあ、今まで収録してきた公開霊言の五百例からすれば、あなたは今、適当な嘘《うそ》をついているだけであって、あくまでも、あなたは「霊」なんですよ。渡辺圭さんの「守護霊」です。

渡辺圭守護霊　いや、それは、マスコミの手法とは違うっていうことで、私たちは、文献《ぶんけん》と、いろいろな調査や取材等を通した上で、いちおう会議をして決めてやるわけ。非常に科学的で民主的な手続きを通して番組制作をしてるわけよ。信頼度《しんらい》だけは高いわけ。

「一人の人に、なんか目に見えないものがかかってきて、しゃべったから本物だ」っていうようなことを信じる人がいてもいいけども、まあ、そんなに大きくなってほしくはないっていう気持ちはあるわね。

## 「トリック」と「霊《れい》現象」の区別はどこにあるか

斎藤　昨日も、海外で活躍《かつやく》した、当会のある幹部が言っていましたけれども、「大川隆法総裁に事情を報告していない内容が、霊言《れいげん》のなかで詳《くわ》しく、リアリティをもって語られた。報告していないのに、なぜ分かるのだろう」と非常に驚《おどろ》いたそうです。

渡辺圭守護霊　ええ?

斎藤　大川隆法総裁は、この世の文章やデータを通じて知ることなく、霊的世界から真実をつかんで、「本人しか知らない事実」を、霊言を通して話しているということが、山のようにあるんです。こんなことは、科学的には証明できません。その幹部は、非常に驚いていましたよ。

渡辺圭守護霊　いや、君たちは、自分中心に物事を考えているけど、君たちが、もしマスコミだったら、あるいは、君たちの広報部門がマスコミ部門として、ある程度、自立性を持った場合、例えば、他教団を取材していくと、いろいろなところでインチキや騙《だま》し、トリックを発見するだろうと思うんだよ。これは、だいたい感じとしては分かっていることだからね。見抜《みぬ》けないものについてはしょうがないけど、見抜けるものは、いっぱいあったから。

例えば、「法《ほう》の華三法行《はなさんぼうぎょう》」の福永法源《ふくながほうげん》なんていうのは、相談に来た人を、一階の応接間でほかの人が面談し、いろいろ調書を取ったりするのを、カメラを通じて教祖《きょうそ》室で見ながら、その話を全部聞いていた。そのあとで、初めて会ったようなふりをして、先に聞いていた内容をその場で言って、〝当てたようなふり〟をして騙したことが、はっきり分かってるよね。

だから、「トリックの世界」でいうと、みんな、「霊能力」と区別がつかない。映画にも、こんなことがあったけども、区別がつかないものがいっぱいあるからね。

特に、今は映像技術も発達してるし、いろいろな創作能力も、けっこう高いから、いったいどこで、どういうふうに行われているかは分からない。

君たちのような教団にも、いろいろな人が、〝潜入捜査《せんにゅうそうさ》〟でいっぱい入ってるとは思うよ。マスコミから、公安関係から、他教団から、何か尻尾《しっぽ》をつかんでやろうと、たぶん、いっぱい入っていると思う。今のところ、〝大きな獲物《えもの》〟が手に入っておらんということなんだとは思うけどね。

まあ、やっぱりほかのところには、そういうものがあって、現実に絶対あるんだから、それは、一般《いっぱん》的には警告しておかなきゃいかんわけなんでね。

武田　ただ、今回、あなたは、「トリック」なしで、大川総裁の「霊能力」によって、霊として引き寄せられたという体験をしましたよね。

渡辺圭守護霊　いや、これは、ちょっとねえ、あったことがないから。

武田　他教団はインチキやトリックなのかもしれないけれども、幸福の科学は違うんです。本物なんですよ。

渡辺圭守護霊　でも、取材も受けたことないし。なんか興信所《こうしんじょ》の人を雇《やと》って、私の思想調査をしたんであれば分かるかもしれないね。

武田　そんなことはしていません。

渡辺圭守護霊　あるいは、ＮＨＫのなかに信者がいて、何かいろいろと言っている可能性もないわけではないから、完全には否定し切れない。

武田　……え。今回、あなたの霊言を録《と》ることは、一時間ぐらい前に決めて、今やっていますからね。準備期間なんか、ほとんどないんですよ。

渡辺圭守護霊　だけど、まだ君たちの考えのなかに、わしらの番組を潰《つぶ》そうという気持ちが、ちょっと入っとるだろう？　それは、いちおう抵抗《ていこう》はするわねえ。

酒井　「潰す」というか、「内容を変えたほうがいい」ということです。

斎藤　そうです。今、発言された方の言うとおりです。

武田　真理に反しているんですから、それは黙《だま》っておけないですよ。

## 安倍《あべ》首相への警戒心《けいかいしん》をあらわにする渡辺氏守護霊

渡辺圭守護霊　まあ、守護霊としては、霊はあることを認めてもいいとは思ってますよ。

酒井　じゃあ、番組の最後に、「霊はあります」と言ってください。

渡辺圭守護霊　ただ、安倍《あべ》さんの、何て言うか、「大東亜《だいとうあ》戦争復活」に、そのまま

〝合体〟するような宗教になってほしくないんです。

酒井　まあ、とにかく、あなたの言っていることは、「宗教は危ない。だから、全部否定したらいい」ということです。しかし、正しい宗教がなくなったら、あなたが嫌《きら》っている悪い宗教、間違っている宗教が何かも分からなくなりますよ。

渡辺圭守護霊　ただ、「この世の悪事」とか、「この世の犯罪」とか、「政治がうまくいってないところ」とか、「福祉《ふくし》がうまくいってないところ」とか、そういう、この世の悪いところを探すのが私たちは得意なので。それを暴《あば》いて、報道することで、政治を動かしたり、直したりすることをやってますからね。

そういう意味では、宗教がやるべきことの一翼《いちよく》を担《にな》っていると思ってはいるんです。

そりゃあ、非常にこの世的、科学的なやり方でやっているので。

でも、「君たちが、人の心を救っているかどうか」ってことには、かなり主観性も乗ってるからね。それについては分からない。

武田　もちろん、間違った政治に関して、注意を喚起《かんき》するのはいいと思いますけれども……。

渡辺圭守護霊　ちょっと安倍さん怖《こわ》くない？　やっぱり、なんか怖いでしょ？　なんか乗り移ってんじゃない？　戦争時の、いろんな憑依《ひょうい》霊がいっぱい憑《つ》いてんじゃない？

武田　いや、怖くはないですよ。

渡辺圭守護霊　なんか怖い。

武田　怖くはないです。

斎藤　安倍首相は、日本の国を護《まも》られた、尊《とうと》い過去の転生《てんしょう》もお持ちですしね。

渡辺圭守護霊　うーん、何となく怖いね。

●**安倍首相の過去世**　幸福の科学の霊言によれば、安倍晋三氏の過去世の一つは、鎌倉幕府第５代執権・北条時頼であることが判明している（『安倍昭恵首相夫人の守護霊トーク「家庭内野党」のホンネ、語ります。』〔幸福の科学出版〕参照）。

酒井　ＮＨＫの方は、そうやって思想的に偏ったことを語ってはいけないんじゃないですか。「中立」を保たないといけないですよね。

渡辺圭守護霊　うーん、まあ、そうだけど。

## 「マスコミと宗教は両立しない」と言う渡辺氏守護霊

斎藤　最後まで言わせてもらいますけれども、例えば、番組で「ロンドン心霊ブーム」を取り上げた回でも、解説部分でマジック芸人を使うことで、トリックと関連づけるように見せたりとか、「シャーロック・ホームズ」シリーズの作者であるコナン・ドイルが、「妖精写真《ようせいしゃしん》」を盲信《もうしん》して騙されたからといって、妖精の存在がすべて嘘であるかのような印象を与《あた》えたりとか、とにかく、ありとあらゆることを百パーセント否定しているではありませんか。

さっきは、「霊的なものはあればいい」と言っていましたけれども、霊を肯定《こうてい》するのではなく、パーフェクトに否定しています。ネッシーについてもそうでしたよね。

渡辺圭守護霊　いや、「肯定」するほうは現実に宗教がやっているんだから、まあ、それでいいじゃない。

斎藤　しかし、〝グレー〟になるならともかく、全部〝真っ黒〟にしていますよ。

酒井　（渡辺圭守護霊に）それは駄目《だめ》ですよ。ＮＨＫなんですから。

斎藤　公共放送なのに、分からないからといって、「百パーセントない」と、すぐに断言していいのですか。そこには、「探究の姿勢」がありませんよ。

コナン・ドイル（1859～1930）
イギリスの作家、医師。推理小説・歴史小説・SF小説等、著書多数。その傍ら、心霊主義の布教に努めた。

コティングリー妖精事件
コティングリー村に住む２人の少女が撮影したという妖精写真（上）の真偽を巡って論争が起き、コナン・ドイルは本物と判断。しかし、のちに当事者が偽造であることを認めた。番組では、ドイルのこのエピソードのみを取り上げて、強調して制作された。

酒井　「公平の姿勢」がありません。

渡辺圭守護霊　うーん、まあ……。

斎藤　本当にピュア（純粋）なんですか。

渡辺圭守護霊　いや、私は、ちょっと歴史を実証的にやってきて。

酒井　あなたの〝趣味《しゅみ》〟ならいいですよ。趣味として、自分で本を出したりしている分には構いません。しかし、ＮＨＫの電波を使って流さないでください。

渡辺圭守護霊　だけど、幸福の科学の本も、いちおう五大紙に広告が載《の》っていて、それで言いたいことが言えてるからいいじゃないですか。

私の霊言だって、出たところで、「信じる人」も「信じない人」も出てくるのは決まってるんだから。それはそれで、いいじゃないですか。

斎藤　いやいやいや、それは間違ってます。もう、ＮＨＫに受信料を払《はら》いませんよ、はっきり言って（笑）。

渡辺圭守護霊　ええ？

斎藤　受信料を取っておいて、それはひどい話ですよ。公共放送と謳《うた》ってるんだったら、きちんと、正しい結論を出して、数千万の人に影響《えいきょう》を与えないと。

渡辺圭守護霊　そんな、私みたいなのは、公人《こうじん》でもないし、公人でもない人の霊言を出すなんていうのは、やっぱり非常に悪いことで……。

武田　影響力が大きいんですよ。

斎藤　もっと責任感を持って、制作物をつくる。内容を考える。判断する。そうしたことをしていないのに、エグゼクティブ・プロデューサーだとか、とんでもない話ですよ。

酒井　この世的にも、あなたの番組には完全に違法性《いほう》がありますよ。下手をすると、突き詰《つ》めれば〝犯罪〟ですよ（注。ＮＨＫの偏向《へんこう》報道が、「放送法　第1条2号　放送の不偏不党、真実及《およ》び自律を保障することによって、放送による表現の自由を確保すること」に違反する可能性があることを指す）。

渡辺圭守護霊　いやあ、だからマスコミっていうのは、本来は宗教に取って代わるもんなんですよ。両立しないいんです。本来、マスコミが宗教を潰《つぶ》すもんなんです。

斎藤　（苦笑）「マスコミが宗教を潰す」？　なかなか聞き捨てならない一言《ひとこと》がありましたけれども。

渡辺圭守護霊　ええ。「事実」と「科学」でもって戦うのがマスコミですので。

酒井　公共の電波を使ってやる仕事ではないですね。

渡辺圭守護霊　まあ、とりあえず、私は国民を不幸に陥《おとしい》れないようにチェックしてるわけで。栗山千明《くりやまちあき》は、金を出してやって、仕事をやれば喜んでるから、いいじゃないですか。

酒井　そうなると、あなたは、何かローマ法王以上の〝資格〟を持っているような言い方ですね。

渡辺圭守護霊　まあ、今のところ、国営放送ですから、基本的に日本にしか影響はないですけどねえ。

酒井　国営放送ではないですけどね。

渡辺圭守護霊　ないですけどね。

番組のオカルト批判は「まだまだ序《じょ》の口《くち》」？

武田　われわれが、なぜここまでやっているかっていうと、あなたの仕事が国民を不幸にしているからなんですよ。

渡辺圭守護霊　まだ序《じょ》の口《くち》なのに、そんなに言われるっていうのは……。

斎藤　「序の口」？　まだいろいろ考えているんですか？　その魂胆《こんたん》を明らかにしてくださいよ。

渡辺圭守護霊　まだ、ちょっと「序の口」でやってるだけで、これから（番組のなかで）だんだん出てくるんですから、〝変なの〟が。

斎藤　これから〝変なの〟が出てくる？

渡辺圭守護霊　いっぱい出てくるから。

斎藤　何を考えているんですか？　ちょっと出してくださいよ。

渡辺圭守護霊　もう、オカルトが嫌《いや》になってくるような、みんながゾッとするようなものをいっぱい出してくるから。

斎藤　オカルトが嫌になるもの、ゾッとするものを出してくる計画があると？

渡辺圭守護霊　まだ、今のところ、「メジャーなもの」しかやってない。

斎藤　そういう面では、今はまだテストのようなものなんですか。

渡辺圭守護霊　うーん。だから、われわれの実証性のある報道で、幸福の科学の主観的な報道と戦う。

斎藤　「実証性」ではなくて、それは「文献学的」ですね。

渡辺圭守護霊　まあ、そういうことだが。

斎藤　文献学的で、文献の限界があるなかでの番組制作ですから。しかも、原点が懐《かい》疑《ぎ》的・否定的なスタンスであるわけですよね。

渡辺圭守護霊　まあ、どっちを信じるかは、世論《せろん》に任せたらいいじゃないですか。だから、栗山千明が出て否定してるのを信じる人と、大川隆法さんが本を出し、広告を打っているのを信じる人と、どっちが勝つか。それは世論に任せたらいいじゃないですか。

## 番組制作の原点は「安倍《あべ》政権を潰《つぶ》したい」という思い

酒井　たぶん、あなたの周りにも、これからそうとう霊現象が起きてくるんじゃないですか。

渡辺圭守護霊　それは知らないですけれども。

酒井　地上で生きている渡辺圭さんの周りに、「霊現象」がたくさん起きればいいですね。

渡辺圭守護霊　ちょっと栗山が余計《よけい》なことをだいぶしゃべったみたいなので、ちょっと、あれですが……。

斎藤　栗山千明さんは、すごく素直《すなお》な心で、いろいろな心の声を届けてくださいました。

渡辺圭守護霊　まずい、まずい、まずい。いや、あれは、ＮＨＫを降ろされても、また幽霊《ゆうれい》役で出れば済むだろうからねえ。それはそれで。

武田　「あなたの脚本《きゃくほん》で、しゃべらされている」と言ってましたよ。

渡辺圭守護霊　まあ、そりゃそうだよ。

武田　あなたが、「『否定したい方向に持っていきたい』って言ってる」と言ってますよ。

渡辺圭守護霊　まあ、それはしょうがないでしょう。役者だったら、みんな……。

酒井　まあ、そうですよ。地上のあなたは、全部経験してください。その番組で放送したことを実際にね。

斎藤　そうですね。霊的現象の〝怖《こわ》さ〟とか。

渡辺圭守護霊　私はとにかく、「あの会長らと、その仲間は、みんな一掃《いっそう》したい」のよ。「安倍《あべ》さんのお友達たちを一掃したい」んで、なんとかＮＨＫを……。

斎藤　はい、そういう意図《いと》が分かりました。番組制作の原点が、そういうところにあるということが、よく分かる霊言と相成《あいな》りました。

渡辺圭守護霊　はい、はい、はい、はい、はい。

武田　はい。今日は、ありがとうございました。

## 渡辺圭氏の守護霊霊言《れいげん》を終えて

大川隆法　（手を一回叩《たた》く）まあ、一見、神秘現象に関心を持たせるようなアプローチのように見せつつも、やはり、「宗教の根本《こんぽん》のところを崩《くず》そうと狙《ねら》っている」という意図だけは分かりましたね。
とりあえず、十分なんじゃないでしょうか。

斎藤　はい。本日は、ご指導ありがとうございました。

大川隆法　はい。

## あとがき

栗山千明さんには魔女や幽霊のほうがよく似合う。

「もうちょっと心霊現象を認めてもいいのではありませんか。」と番組制作スタッフに進言してほしいと思う。

世界レベルの教養でみた場合、今のNHKの制作方針は、「無知、無教養」のレベルで、論理的証明能力も十分でない。「人間の本質が霊である」という世界の教養人の「常識」から観ると、番組そのものが間違っているのだ。

宇宙人が捕獲できていない（NHK的には）、ということが即、宇宙人がいないことにはならない。進化論が正しければ、進化途上の生物がたくさんいなければならないが、残念ながら、地球上には完成品としての生物ばかりがいるのだ。

霊界も霊存在も存在することを証明しようと努力してきた人たちは、私以外にも歴史的にたくさんいる。霊が存在しないことを「信じる」人はいても、「証明できた」人は未《いま》だいないのだ。

ＮＨＫも公共放送を名のるなら、偽善的左翼全体主義を早く捨て去ることだ。

二〇一四年　六月十三日

幸福《こうふく》の科学《かがく》グループ創始者兼総裁《そうししゃけんそうさい》　大川隆法《おおかわりゅうほう》

『ＮＨＫ「幻解！超常ファイル」は本当か』大川隆法著作関連書籍

『太陽の法』（幸福の科学出版刊）
『悟りの挑戦（下巻）』（同右）
『自由の革命』（同右）
『ハウ・アバウト・ユー？』（同右）
『「宇宙人によるアブダクション」と「金縛り現象」は本当に同じか』（同右）
『遠隔透視 ネッシーは実在するか』（同右）
『アダム・スミス霊言による「新・国富論」』（同右）
『ＮＨＫ新会長・籾井勝人守護霊本音トーク・スペシャル』（同右）
『「週刊文春」とベルゼベフの熱すぎる関係』（同右）
『クローズアップ国谷裕子キャスター』（同右）
『ＮＨＫはなぜ幸福実現党の報道をしないのか』（同右）

『イラク戦争は正しかったか』（同右）

『イスラム過激派に正義はあるのか』（同右）

『安倍昭恵首相夫人の守護霊トーク「家庭内野党」のホンネ、語ります。』（同右）

# ＮＨＫ「幻解《げんかい》！超常《ちょうじょう》ファイル」は本当《ほんとう》か

──ナビゲーター・栗山千明の守護霊インタビュー──

2014年６月21日　初版第１刷

著　者　　大《おお》川《かわ》隆《りゅう》法《ほう》

発行所　　幸福の科学出版株式会社

〒107-0052 東京都港区赤坂２丁目10番14号
TEL(03)5573-7700
http://www.irhpress.co.jp/

印刷・製本　株式会社 堀内印刷所

落丁・乱丁本はおとりかえいたします
©Ryuho Okawa 2014. Printed in Japan. 検印省略
ISBN978-4-86395-484-7 C0030
写真：Getty Images／アフロ／毎日新聞社/アフロ

## 大川隆法 霊言シリーズ・NHKのあり方を問う

### 「宇宙人によるアブダクション」と「金縛り現象」は本当に同じか

**超常現象を否定するNHKへの"ご進講"**

「アブダクション」や「金縛り」は現実にある！「タイムスリップ・リーディング」によって明らかになった、7人の超常体験の衝撃の真相とは。

1,500円

### NHK新会長・籾《もみ》井《い》勝《かつ》人《と》守護霊 本音トーク・スペシャル

**タブーにすべてお答えする**

「NHKからマスコミ改革の狼煙を上げたい！」いま話題の新会長が公共放送の問題点に斬り込み、テレビでは言えない本音を語る。

1,400円

### クローズアップ国谷裕子キャスター

**NHKの"看板"を霊査する**

NHKは公正中立な「現代を映す鏡」なのか？「クローズアップ現代」国谷キャスターの知られざる本心に迫る。衝撃の過去世も次々と明らかに！

1,400円

※表示価格は本体価格（税別）です。

## 大川隆法 霊言シリーズ・最新刊

# 天に誓って「南京大虐殺」はあったのか

**『ザ・レイプ・オブ・南京』著者**
**アイリス・チャンの霊言**

謎の死から10年、ついに明かされた執筆の背景と、良心の呵責、そして、日本人への涙の謝罪。「南京大虐殺」論争に終止符を打つ一冊!

1,400円

---

# サッカー日本代表エース 本田圭佑守護霊インタビュー

**心の力で未来を勝ち取れ!**

自分たちの活躍で、「強い日本」を取り戻したい! 数々の苦境から人生を拓いてきた男の真意、そして世界で戦うサムライとしての覚悟が明かされる。

1,400円

---

# 副総理・財務大臣 麻生太郎の守護霊インタビュー

**安倍政権のキーマンが語る「国家経営論」**

教育、防衛、消費増税、福祉、原発、STAP細胞問題など、麻生太郎副総理・財務大臣の「国会やマスコミでは語れない本心」に迫る!

1,400円

幸福の科学出版

大川隆法霊言シリーズ・最新刊

## 元大蔵大臣・三塚博「政治家の使命」を語る

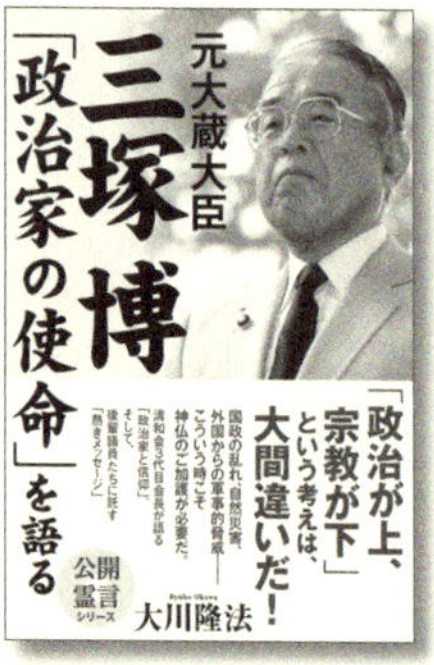


政治家は、国民の声、神仏の声に耳を傾けよ！ 自民党清和会元会長が天上界から語る「政治と信仰」、そして後輩議員たちへの熱きメッセージ。

1,400円

## 文部科学大臣・下村博文守護霊インタビュー

大事なのは、財務省の予算、マスコミのムード!? 現職文科大臣の守護霊が語る衝撃の本音とは? 崇教真光初代教え主・岡田光玉の霊言を同時収録。

1,400円

## 日蓮聖人「戦争と平和」を語る

### 集団的自衛権と日本の未来

「集団的自衛権」「憲法九条」をどう考えるか。日本がアジアに果たすべき「責任」とは? 日蓮聖人の「戦争と平和」に関する現在の見解が明かされる。

1,400円

※表示価格は本体価格(税別)です。

## 大川隆法霊言シリーズ・無神論・唯物論を打ち砕く

# 進化論―150年後の真実

### ダーウィン／ウォーレスの霊言

ダーウィン「進化論」がもたらした功罪とは？ ウォーレスが唱えた、もうひとつの「進化論」とは？ 現代人を蝕む唯物論・無神論のルーツを解明する。

1,400円

# 公開霊言
# ニーチェよ、神は本当に死んだのか？

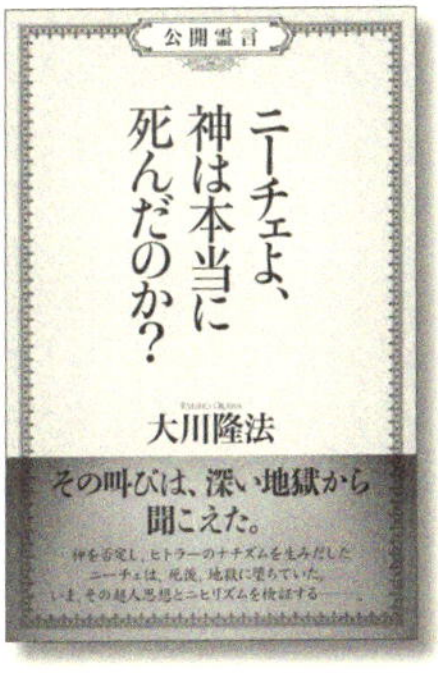


神を否定し、ヒトラーのナチズムを生み出したニーチェは、死後、地獄に堕ちていた。いま、ニーチェ哲学の超人思想とニヒリズムを徹底霊査する。

1,400円

# フロイトの霊言

### 神なき精神分析学は人の心を救えるのか

人間の不幸を取り除くはずの精神分析学。しかし、その創始者であるフロイトは、死後地獄に堕ちていた――。霊的真実が、フロイトの幻想を粉砕する。

1,400円

## 大川隆法霊言シリーズ・人気の秘密を探る

### 魅せる技術
**女優・菅野美穂 守護霊メッセージ**

どんな役も変幻自在に演じる演技派女優・菅野美穂――。人を惹きつける秘訣や堺雅人との結婚秘話など、その知られざる素顔を守護霊が明かす。

1,400円

---

### 堺雅人の守護霊が語る 誰も知らない「人気絶頂男の秘密」

個性的な脇役から空前の大ヒットドラマの主役への躍進。いま話題の人気俳優・堺雅人の素顔に迫る110分間の守護霊インタビュー!

1,400円

---

### AKB48 ヒットの秘密
**マーケティングの天才・秋元康に学ぶ**

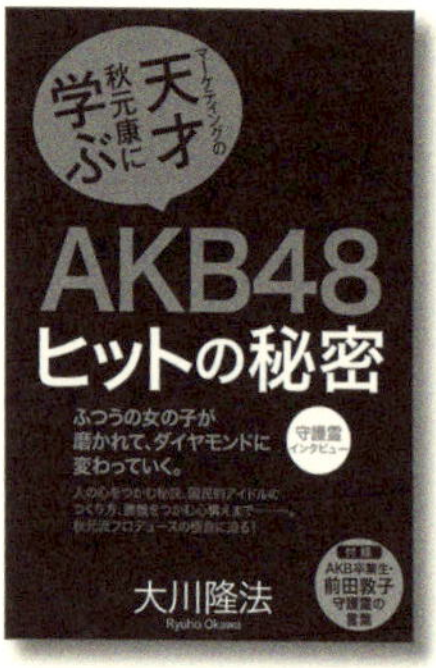


放送作家、作詞家、音楽プロデューサー。30年の長きに渡り、芸能界で成功し続ける秘密はどこにあるのか。前田敦子守護霊の言葉も収録。

1,400円

---

※表示価格は本体価格(税別)です。

## 大川隆法 ベストセラーズ・忍耐の時代を切り拓く

# 忍耐の法

**「常識」を逆転させるために**

人生のあらゆる苦難を乗り越え、夢や志を実現させる方法が、この一冊に──。混迷の現代を生きるすべての人に贈る待望の「法シリーズ」第20作!

2,000円

# 「正しき心の探究」の大切さ

靖国参拝批判、中・韓・米の歴史認識……。「真実の歴史観」と「神の正義」とは何かを示し、日本に立ちはだかる問題を解決する、2014年新春提言。

1,500円

# 自由の革命

**日本の国家戦略と世界情勢のゆくえ**

「集団的自衛権」は是か非か!? 混迷する国際社会と予断を許さないアジア情勢。今、日本がとるべき国家戦略を緊急提言!

1,500円

幸福の科学出版

## 大川隆法 ベストセラーズ・「幸福の科学大学」が目指すもの

※幸福の科学大学（仮称）設置認可申請中

# 新しき大学の理念

**「幸福の科学大学」がめざす**
**ニュー・フロンティア**

※幸福の科学大学（仮称）設置認可申請中

2015 年、開学予定の「幸福の科学大学」。日本の大学教育に新風を吹き込む「新時代の教育理念」とは？ 創立者・大川隆法が、そのビジョンを語る。

1,400 円

---

# 「経営成功学」とは何か

**百戦百勝の新しい経営学**

経営者を育てない日本の経営学⁉ アメリカをダメにしたMBA――⁉ 幸福の科学大学(仮称・設置認可申請中)の「経営成功学」に託された経営哲学のニュー・フロンティアとは。

1,500 円

---

# 「人間幸福学」とは何か

**人類の幸福を探究する新学問**

「人間の幸福」という観点から、あらゆる学問を再検証し、再構築する――。数千年の未来に向けて開かれていく学問の源流がここにある。

1,500 円

---

# 「未来産業学」とは何か

**未来文明の源流を創造する**

新しい産業への挑戦――「ありえない」を、「ありうる」に変える！ 未来文明の源流となる分野を研究し、人類の進化とユートピア建設を目指す。

1,500 円

---

※表示価格は本体価格（税別）です。

# 大川隆法ベストセラーズ・「幸福の科学大学」が目指すもの

※幸福の科学大学（仮称）設置認可申請中

## 青春マネジメント

**若き日の帝王学入門**

生活習慣から、勉強法、時間管理術、仕事の心得まで、未来のリーダーとなるための珠玉の人生訓が示される。著者の青年時代のエピソードも満載！

1,500円

## 人間にとって幸福とは何か

**本多静六博士 スピリチュアル講義**

「努力する過程こそ、本当は楽しい」さまざまな逆境を乗り越え、億万長者になった本多静六博士が現代人に贈る、新たな努力論、成功論、幸福論。

1,500円

## 早稲田大学創立者・大隈重信「大学教育の意義」を語る

※幸福の科学大学（仮称）設置認可申請中

大学教育の精神に必要なものは、「闘魂の精神」と「開拓者精神」だ！ 近代日本の教育者・大隈重信が教育論、政治論、宗教論を熱く語る！

1,500円

## 究極の国家成長戦略としての「幸福の科学大学の挑戦」

※仮称・設置認可申請中

**大川隆法 vs. 木村智重・九鬼一・黒川白雲**

「人間を幸福にする学問」を探究し、人類の未来に貢献する人材を輩出する——。新大学建学の志や、新学部設立の意義について、創立者と語り合う。

1,500円


幸福の科学出版


※幸福の科学大学（仮称）は設置認可申請中のため、構想内容は変更の可能性があります。

# 幸福の科学グループのご案内

**宗教、教育、政治、出版などの活動を通じて、地球的ユートピアの実現を目指しています。**

## 宗教法人　幸福の科学

一九八六年に立宗。一九九一年に宗教法人格を取得。信仰の対象は、地球系霊団の最高大霊、主エル・カンターレ。世界百カ国以上の国々に信者を持ち、全人類救済という尊い使命のもと、信者は、「愛」と「悟り」と「ユートピア建設」の教えの実践、伝道に励んでいます。

（二〇一四年六月現在）

## 愛

幸福の科学の「愛」とは、与える愛です。これは、仏教の慈悲《じひ》や布施《ふせ》の精神と同じことです。信者は、仏法真理をお伝えすることを通して、多くの方に幸福な人生を送っていただくための活動に励んでいます。

## 悟り

「悟り」とは、自らが仏の子であることを知るということです。教学《きょうがく》や精神統一によって心を磨き、智慧《ちえ》を得て悩みを解決すると共に、天使・菩薩《ぼさつ》の境地を目指し、より多くの人を救える力を身につけていきます。

## ユートピア建設

私たち人間は、地上に理想世界を建設するという尊い使命を持って生まれてきています。社会の悪を押しとどめ、善を推し進めるために、信者はさまざまな活動に積極的に参加しています。

国内外の世界で貧困や災害、心の病で苦しんでいる人々に対しては、現地メンバーや支援団体と連携して、物心両面にわたり、あらゆる手段で手を差し伸べています。

年間約３万人の自殺者を減らすため、全国各地で街頭キャンペーンを展開しています。

公式サイト　www.withyou-hs.net

ヘレン・ケラーを理想として活動する、ハンディキャップを持つ方とボランティアの会です。視聴覚障害者、肢体不自由な方々に仏法真理を学んでいただくための、さまざまなサポートをしています。

公式サイト　www.helen-hs.net

INFORMATION

お近くの精舎・支部・拠点など、お問い合わせは、こちらまで！

幸福の科学サービスセンター

TEL. 03-5793-1727（受付時間 火～金：10～20時／土・日：10～18時）

宗教法人 幸福の科学 公式サイト　happy-science.jp

# 教育

## 学校法人 幸福の科学学園

学校法人 幸福の科学学園は、幸福の科学の教育理念のもとにつくられた教育機関です。人間にとって最も大切な宗教教育の導入を通じて精神性を高めながら、ユートピア建設に貢献する人材輩出を目指しています。

**幸福の科学学園**

**中学校・高等学校（那須本校）**

2010年4月開校・栃木県那須郡（男女共学・全寮制）

TEL **0287-75-7777**

公式サイト **happy-science.ac.jp**

**関西中学校・高等学校（関西校）**

2013年4月開校・滋賀県大津市（男女共学・寮及び通学）

TEL **077-573-7774**

公式サイト **kansai.happy-science.ac.jp**

幸福の科学大学（仮称・設置認可申請中）

2015年開学予定

TEL **03-6277-7248**（幸福の科学 大学準備室）

公式サイト **university.happy-science.jp**

**仏法真理塾「サクセスNo.1」** TEL **03-5750-0747**（東京本校）

小・中・高校生が、信仰教育を基礎にしながら、「勉強も『心の修行』」と考えて学んでいます。

**不登校児支援スクール「ネバー・マインド」** TEL **03-5750-1741**

心の面からのアプローチを重視して、不登校の子供たちを支援しています。
また、障害児支援の「**ユー・アー・エンゼル!**」運動も行っています。

**エンゼルプランV** TEL **03-5750-0757**

幼少時からの心の教育を大切にして、信仰をベースにした幼児教育を行っています。

**シニア・プラン21** TEL **03-6384-0778**

希望に満ちた生涯現役人生のために、年齢を問わず、多くの方が学んでいます。

**NPO 活動支援**

いじめから子供を守ろう!ネットワーク

学校からのいじめ追放を目指し、さまざまな社会提言をしています。また、各地でのシンポジウムや学校への啓発ポスター掲示等に取り組むNPO「いじめから子供を守ろう！ネットワーク」を支援しています。

公式サイト **mamoro.org**

ブログ **mamoro.blog86.fc2.com**

相談窓口 **TEL.03-5719-2170**

## 政治

# 幸福実現党

内《ない》憂《ゆう》外《がい》患《かん》の国難に立ち向かうべく、二〇〇九年五月に幸福実現党を立党しました。創立者である大川隆法党総裁の精神的指導のもと、宗教だけでは解決できない問題に取り組み、幸福を具体化するための力になっています。

党員の機関紙
「幸福実現NEWS」

TEL 03-6441-0754
公式サイト hr-party.jp

## 出版メディア事業

# 幸福の科学出版

大川隆法総裁の仏法真理の書を中心に、ビジネス、自己啓発、小説など、さまざまなジャンルの書籍・雑誌を出版しています。他にも、映画事業、文学・学術発展のための振興事業、テレビ・ラジオ番組の提供など、幸福の科学文化を広げる事業を行っています。

アー・ユー・ハッピー？
**are-you-happy.com**

ザ・リバティ
**the-liberty.com**

幸福の科学出版
TEL 03-5573-7700
公式サイト irhpress.co.jp

THE FACT

**ザ・ファクト**
マスコミが報道しない
「事実」を世界に伝える
ネット・オピニオン番組

Youtubeにて
随時好評配信中！

ザ・ファクト 検索

# 入会のご案内

## あなたも、幸福の科学に集い、ほんとうの幸福を見つけてみませんか？

幸福の科学では、大川隆法総裁が説く仏法真理をもとに、
「どうすれば幸福になれるのか、また、
他の人を幸福にできるのか」を学び、実践しています。

### 入会

大川隆法総裁の教えを信じ、学ぼうとする方なら、どなたでも入会できます。入会された方には、『入会版「正心法語」』が授与されます。（入会の奉納は1,000円目安です）

**ネット**でも**入会**
できます。詳しくは、
下記URLへ。
**happy-science.jp/joinus**

### 三帰《さんき》誓願《せいがん》

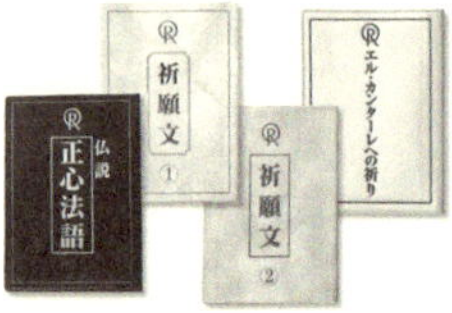


仏弟子としてさらに信仰を深めたい方は、仏・法・僧の三宝への帰依を誓う「三帰誓願式」を受けることができます。三帰誓願者には、『仏説・正心法語』『祈願文①』『祈願文②』『エル・カンターレへの祈り』が授与されます。

### 植福《しょくふく》の会

植福は、ユートピア建設のために、自分の富を差し出す尊い布施の行為です。布施の機会として、毎月1口1,000円からお申込みいただける、「植福の会」がございます。

「植福の会」に参加された方のうちご希望の方には、幸福の科学の小冊子（毎月1回）をお送りいたします。詳しくは、下記の電話番号までお問い合わせください。

月刊「幸福の科学」

ザ・伝道

ヤング・ブッダ

ヘルメス・エンゼルズ

INFORMATION

**幸福の科学サービスセンター**
**TEL. 03-5793-1727**（受付時間 火〜金：10〜20時／土・日：10〜18時）
宗教法人 幸福の科学 公式サイト **happy-science.jp**